METHUEN'S TWENTI

Bertolt Brecht

DER KAUKASISCHE
KREIDEKREIS

Edited by
Bruce Thompson
Senior Lecturer in German
University of Stirling

Methuen Educational Ltd

First published in 1955 by Edition Suhrkamp
Text © 1955 by Edition Suhrkamp
German text offset from the Edition Suhrkamp edition
This edition first published in 1982 by
Methuen Educational Ltd
11 New Fetter Lane, London EC4P 4EE
Introduction and Notes © 1982 by Bruce Thompson

British Library Cataloguing in Publication Data

Brecht, Bertolt
Der kaukasische Kreidekreis.—(Methuen's twentieth century texts)
I. Title   II. Thompson, Bruce
832'.912   PT2603.R397K4

ISBN 0-423-50800-8

The publishers are grateful to Edition Suhrkamp for
permission to prepare a critical edition of this work.
All rights are reserved.

Printed in Great Britain by
Richard Clay (The Chaucer Press) Ltd,
Bungay, Suffolk

CONTENTS

v

METHUEN'S TWENTIETH CENTURY GERMAN TEXTS

INTRODUCTION

Biographical notes and major works

1898 10 February: Born in Augsburg, Bavaria into a respectable middle-class family.

1908–17 Attended the Augsburg Realgymnasium. Began to rebel against his parents' bourgeois way of life.

1917–18 Studied medicine at the University of Munich.

1918 During the last six weeks of the First World War he served as a medical orderly in the Augsburg military hospital, where his experiences drove him into open rebellion against society.
Wrote *Baal* (first performed 1923).

1918–19 November – May: Republican government in Munich, with which Brecht sympathized.

1919 Wrote *Trommeln in der Nacht* (first performed 1922).

1921–23 Wrote *Im Dickicht der Städte* (first performed 1923).

1922 Appointed as Dramaturg (i.e. one of the resident playwrights and literary advisers) at the Munich Kammerspiele. Awarded the Kleist prize for drama.

1924 Moved to Berlin as Dramaturg of the Deutsches Theater under Max Reinhardt.

1926 Began his studies of *Das Kapital* by Karl Marx.

1927–30   Worked with Erwin Piscator at the Theater am Nollendorfplatz.

1928   *Die Dreigroschenoper* (performed, with music by Kurt Weill, at the Theater am Schiffbauerdamm).

1928–29   Collaborated with Kurt Weill in the opera *Aufstieg und Fall der Stadt Mahagonny* (first performed 1930).

1929   Married the actress Helene Weigel, who was to become the most celebrated performer of Brecht's female roles, notably that of Mutter Courage.
Began his series of didactic plays with *Der Ozeanflug*, with music by Kurt Weill. Shortly to follow were *Das Badener Lehrstück vom Einverständnis*, with music by Paul Hindemith and, among others in the 1930s, *Der Jasager*, *Die Maßnahme* and *Die Mutter*.

1929–30   Wrote *Die Heilige Johanna der Schlachthöfe* (first performed by Radio Berlin in 1932).

1933   28 February: Under threat of arrest, following Hitler's rise to power, Brecht left Germany and travelled via Vienna, Switzerland and Paris, to settle in Denmark.

1935   Visits to New York and Moscow.

1938   Performance in Paris of *Furcht und Elend des dritten Reiches*. Completed first version of *Leben des Galilei* (first performed in Zurich in 1943).

1939   Wrote *Mutter Courage and ihre Kinder* (first performed in Zurich in 1941).

1940   Moved to Finland. Wrote *Herr Puntila und sein Knecht Matti*.

1941   Completed *Der gute Mensch von Sezuan* (first performed in Zurich in 1943). Settled in California.
Lived in Hollywood in a large community of exiled German writers.

1944   Completed *Der kaukasische Kreidekreis*.

1944–45   Worked with Charles Laughton on an English

version of *Leben des Galilei* (performed in Los Angeles in 1947).

1947   Summoned to Washington to appear before the Committee on Un-American Activities and accused (though acquitted) of the charge of displaying communist sympathies in his works.

Returned to Europe and settled initially in Switzerland.

1948   Invited to East Berlin to produce *Mutter Courage* at the Deutsches Theater (performed 11 January 1949). Completed *Kleines Organon für das Theater*, his major theoretical work on the theatre.

1949   Settled in East Berlin. Brecht and Helene Weigel founded the Berliner Ensemble which gave the first performance of *Puntila* on 8 November at the Deutsches Theater.

1951–56   Frequent tours abroad with the Berliner Ensemble.

1954   The Berliner Ensemble moved into the newly rebuilt Theater am Schiffbauerdamm.

October 7: German première of *Der kaukasische Kreidekreis*.

Made a vice-president of the Akademie der Künste and awarded the Stalin Peace Prize in Moscow.

1956   14 August: Died of coronary thrombosis in East Berlin.

Reputation

The influence of Bertolt Brecht on the international theatre since the Second World War is such that he must now be rated as the best-known German dramatist outside Germany. Only most recently, however, has this reputation been established. During the years of exile in the 1930s and 1940s his plays were banned in Germany, and performances in non-German-speaking countries rare. After the war he was regarded with suspicion in the west following his decision to live and work in the communist

German Democratic Republic, and even today some of his more blatantly communist *Lehrstücke* of the 1930s are rarely performed. Moreover, because of his somewhat ambivalent attitude to the East German regime, his plays did not become really well known in the eastern bloc until well after his death. For example, the official party organ in Berlin, *Neues Deutschland*, ignored the first night of *Der kaukasische Kreidekreis*, and when the Berliner Ensemble took it to Leningrad and Moscow in 1957 it was received rather critically in *Sovietskaya Kultura*. Brecht was popularized in Britain in the 1950s and 1960s by Kenneth Tynan, following the visit to London in 1956 of the Berliner Ensemble, and his popularity in West Germany increased considerably during the 1960s and 1970s.

Der kaukasische Kreidekreis has proved over the years to be one of his best-loved plays, as can be gauged from the frequency with which it is performed on the professional stage and in schools and universities in the Federal Republic, the United States and Britain. It was written during Brecht's period of exile in America during the Second World War and is therefore a product of his maturer years when, between 1938 and 1945, he wrote the great plays which have done most to establish his world-wide reputation.

Dramatic theories

The average theatre-goer today is likely to have two main preconceptions about Brecht; first, that as the popularizer of the epic theatre and of the theatre of alienation he aimed to provoke critical thought amongst the audience rather than to engage their emotions; and secondly, that as a convinced communist he wrote plays with a decidedly Marxist flavour. Both preconceptions have their foundation primarily in Brecht's own interests and stated intentions.

Brecht's early plays, notably *Baal* and *Trommeln in der Nacht*, had given expression to his own rebelliousness and rejection of bourgeois society, but it was not until the mid-1920s, when Brecht was already achieving a degree of success and fame as a dramatist, that he began to study Marx and attended lectures at the Marxistische Arbeiterschule in Berlin. Despite his growing prosperity he deliberately cultivated the working-class appearance with which he has always been associated, and by the end of the decade he became closely linked with the German Communist Party in reaction to the growing threat of the Nazi movement. In these years too he came under the influence of the Director at the Berliner Volksbühne, Erwin Piscator, a militant left-winger who hoped to mobilize the people through his productions of revolutionary didactic plays. It is not often appreciated that it was Piscator who originated the term 'epic theatre', and who initiated so many of the experiments in technique which Brecht developed. Piscator's theatre was a political theatre, a theatre with a 'message' which was to be directed at the audience like a political manifesto. He also developed an unsentimental style of acting, very different from the traditionally emotional manner prevailing in other theatres.

Brecht's own dramatic theories evolved slowly, and the first full statement was not put together until 1948 when he completed the *Kleines Organon für das Theater*. His ideas were always subject to revision, but he always acknowledged his early debt to Piscator. As with Piscator, his theories initially went hand in hand with his political intentions, and were stimulated by his reaction against the naturalistic theatre of the late nineteenth century. This was the theatre of illusion which aimed to create on the stage a reasonably faithful copy of reality. Its principles followed closely the dramatic theories of Aristotle, who believed that good drama should enable spectators to identify with the stage-characters to such an extent that they were purified, or 'purged' of the passions they saw displayed. For Brecht the 'aristotelian theatre' was essentially a bourgeois theatre, which had a numbing, hypnotic effect on the spectators, producing social lethargy and a dampening of revolutionary spirit. Brecht believed that the dramatist had a didactic role and should inspire the desire for change and improvement in society, and he felt that the epic theatre was more suited to this role. In the epic theatre there was no attempt to create the illusion of reality. The aim was to heighten the audience's critical awareness through the use of such devices as narrators, placards and slogans, songs, visible lighting-effects and scene-shifting, etc. Instead of a unified plot, Brecht advocated a chain of episodes, linked by a commentary, which was more likely to bring home the message of the play than the gripping portrayal of psychological conflict.

The term which has been used most often in connection with the achievement of Brecht's aims is the *Verfremdungseffekt*, or 'alienation effect'. Much confusion has been caused by the untranslatability of the original German word. The intention is not to 'alienate' or 'estrange' the spectator in the sense of making him experience actual displeasure at the material offered (which would be suggested by the German word *entfremden*), nor does it *necessarily* carry with it the implication of detachment or emotional 'distance', as is so often believed by critics and theatre-goers. Essentially the *Verfremdungseffekt* was regarded by Brecht as an instrument of social change, whose function was to stimulate the critical awareness of the spectators. This was to be achieved by presenting events or characters in an unfamiliar or novel ('strange') light, so arousing the curiosity of the spectator and making him aware of the possibilities of social or political change.[1] To some extent this was achieved in Brecht's own productions by a distinctive acting technique which Brecht demanded of his actors, whereby they were to resist the temptation to identify themselves completely with the part they were playing, but were at times to give a deliberate, conscious demonstration of their knowledge of human feelings and behaviour.

Because of the crucial role of the actor in the achievement of individual *Verfremdungseffekte*, productions of Brecht's plays vary considerably in their approach to this aspect of his theories. There are of course no *Verfremdungseffekte* actually written in to the texts of the plays, but occasionally it is clear that a more detached, deliberate style of acting is being suggested by the dramatist. For example, in the episode presenting the palace revolution in *Der kaukasische Kreidekreis*, the governor scarcely speaks, behaving from the beginning like a condemned man, and finally as a marionette responding to the narrator's instructions (p. 17). Here the audience are being made aware of the vanity and insubstantial nature of political power and are clearly being alerted to the need both for a less precarious political system and also, by implication, for a society in which the mighty and privileged do not enjoy absolute sway over the masses.

Because of preconceptions concerning the nature and function of the *Verfremdungseffekt*, it is often supposed that the mood of Brecht's plays is predominantly one of icy detachment, and that the emotions of the audience are never engaged. Yet there are moments in his plays when an emotional response is clearly appropriate. It would, for example, be difficult for an actress *not* to seek to arouse the sympathies of the audience as she portrays Grusche during her flight through the Caucasian mountains with the child that is not her own. Critics who point to the emotional appeal of Brecht's plays tend to suggest that in practice Brecht's own dramatic genius would not allow him to follow his theories to the letter. Yet he never suggested in his theoretical writings that emotions should be banned from the theatre altogether.

Brecht's objection to the emotional response stimulated by the traditional theatre was directed primarily at the illusionist effect, or temporary suspension of disbelief, which was achieved through the emotional identification, or empathy, on the part of the audience with the characters. In his plays Brecht was aiming for a more 'active' emotional response, which did not necessarily rule out pity, for example for a character such as Grusche of the *Kreidekreis*, whose sufferings should move the audience to anger or righteous indignation. Such an effect could not be achieved by a totally detached or unemotional performance, and Brecht was sufficiently a man of the theatre to realize that successful acting depends initially on the ability of the actors to feel their way into the characters' skins. The transcript of his remarks made at a rehearsal of the scene at the peasant's hut during *Die Flucht in die nördlichen Gebirge* (printed in Appendix B, pp. 113–15) provides a fascinating illustration of his insistence that his actors should have a full psychological understanding of their roles, to the extent that they should actually *become* the person they were portraying. Certainly on this evidence his aims and methods seem far more traditional than is normally supposed.

Communism and the later plays

If it is apparent that Brecht's dramatic methods do not always confirm popular preconceptions of his theatre, it is also noteworthy that his commitment to Marxist communism became less obvious in his mature years. At a superficial level, certainly, the settings and subject-matter of some of his later plays are less explicitly suggestive of a communist viewpoint than some of the more austere *Lehrstücke* of the early 1930s. Of these, *Die Maßnahme* (1930), which is usually considered to offer the most obvious proof of Brecht's association with communism, presents an account of the activities of communist activists who have had to subdue ruthlessly all feelings of human compassion, and renounce all individuality, in order to carry out a revolutionary mission on behalf of the Party. Their commitment to the cause is such that it has involved the liquidation of a young comrade who has in effect failed to toe the party line. *Die Mutter* (1932) presents revolutionary activity leading up to the Russian Revolution of October 1917. Yet of the plays completed after 1938, *Leben des Galilei* explores the conscience of the celebrated seventeenth-century scientist and treats the general problem of the political exploitation of science, and *Mutter Courage* focuses on one of the camp followers making a living out of the Thirty Years War. *Der gute Mensch von Sezuan* presents the problems of the prostitute Shen Te, who is given a tobacco shop by the gods, but is so kind-hearted that she is harassed by grasping neighbours and petitioners. The theme of the play is apparently a universal one, summed up in the heroine's own expression of her problem as the survival of goodness in an evil world ('Gut zu sein und doch zu leben'). Only *Herr Puntila und sein Knecht Matti* carries an explicitly communist 'message'. Puntila is a wealthy farmer who is kind and genial to his servants when drunk, but businesslike and inhumane when sober. In his drunkenness we have a glimpse of paradise, but his servant Matti points out in the epilogue that the people will find lasting happiness only when they are their own masters in the future communist state.

Certainly it is possible and, particularly in view of Brecht's known political affiliations, tempting, to seek in his plays the implication that only communism could cure the social and political ills represented. For example, the Marxist may see in Galileo a representative of progress who breaks down old superstitions and disseminates new scientific ideas in the face of opposition from reactionary authorities. Mutter Courage may be seen to exhibit the qualities of the capitalist profiteer who even sacrifices her children in the conduct of her business, and the audience are afforded an insight into the commercial nature of war. It is also possible to view Shen Te's problem as an offshoot of the capitalist system and of the grasping habits which this has engendered in her fellow-men. Shen Te learns that in this situation her goodness is impracticable, so she abandons her kindness and generosity and assumes the personality of a ruthless male cousin, Shui Ta, to drive away the spongers.

Yet these are but superficial interpretations of the plays in question, in which far wider issues are presented. *Leben des Galilei* is a subtle study of the complex relationship between a man of science and an authoritarian regime which feels threatened by the social implications of his new discoveries. In this conflict Brecht focuses on Galileo's recantation of his heretical theories and reasons for refusing to become a martyr for the sake of his ideas. In the final, post-war version of the play Brecht's Galileo is indeed no hero, but a sensual man who recants through fear, unable to subject himself to torture from the Inquisition, so betraying the cause of science. At the close of the play Galileo fears that he has handed over to the authorities complete control over his discoveries, to do with them as they wish, a situation which Brecht felt to be directly relevant to the position of the scientists who were responsible for the construction, if not for the decision to drop, the atomic bomb in 1945. But it is also a situation which he held to be analogous to that suffered generally by the scientists and intelligentsia in the modern authoritarian state, be it fascist or communist.

Seen in this light, Brecht's view of Galileo would seem to be a highly critical one, but in the earlier stages of the play we have an apparently sympathetic portrayal of Galileo's attempts to cope with, and adapt to, the demands of the authorities. His concern for his own safety and well-being has been compared to the cynical ingenuity displayed by Mutter Courage in her efforts to survive the hazards of the Thirty Years War. Indeed, in Brecht's mature plays there are no true 'heroes', only individuals who survive, either through compromise or cunning, in an imperfect world. It is a world in which the virtuous and humane, the *freundliche Menschen*, as Brecht called them, are either destroyed or have to compromise on their principles. For example, in *Mutter Courage* the only virtuous character is Kattrin, Mutter Courage's daughter, but she perishes in her selfless attempt to warn the city of Halle of its impending destruction, and so save the lives of its innocent children and old people. In *Der gute Mensch* the good Shen Te has to temper her *Freundlichkeit* and invent the character of Shui Ta. She even goes to the lengths of purchasing a tobacco factory and employing a slave-driver of a foreman in the interests of self-preservation. Not that Brecht approves of such measures, but he does recognize their practicality in a world where the good cannot remain good and survive.

The Marxist view of such a situation is that inhumanity is essentially a consequence of the capitalist system, and that it is the system which needs to be changed. The epilogue to *Der gute Mensch* does put the point that the world must be changed, and by the members of the audience. But in none of these later plays does Brecht suggest explicitly that socialism or communism must provide the answer. Indeed, only in the *Vorspiel* of *Der*

xvi

kaukasische Kreidekreis is a communist society actually presented, but its relevance to the evils of the world depicted in the play itself is, as we shall see, highly problematic.

DER KAUKASISCHE KREIDEKREIS

Composition and background

Der kaukasische Kreidekreis owes its title to the incident which forms the climax of the drama, the test of the Chalk Circle which the judge Azdak devises to determine the true mother of the child Michel Abaschwili. This incident is based on an ancient Chinese source, the thirteenth-century play *Hui-lan-chi* (The Circle of Chalk), which had been popularized in the 1920s, and an adaptation of it by the German dramatist Klabund was produced in Berlin by Max Reinhardt in 1925. But apart from a brief reference to the Chinese source in its first scene, and the employment of masks which lend some of the sequences a slightly oriental flavour, there is little else in Brecht's play to denote its Chinese origins.

When it was suggested to Brecht in 1943 by the exiled German actress Luise Rainer that he should write a Chalk Circle play for the Broadway stage in New York, his main concern was with the background against which the Chalk Circle motif should be enacted. Ever since the Russian Revolution of 1917 he had taken a keen interest in the internal affairs of Soviet Russia, and from his various notes it is clear that he had been contemplating the possibility of a literary treatment of some aspect of Soviet history. According to research undertaken recently on material in the Brecht Archive in Berlin, Brecht originally intended to relate the Chalk Circle theme to events surrounding the 1917 Revolution itself. Indeed, allusions have been detected in the play to specific personalities and episodes, such as the family of Tsar Nicholas II, the strikes in the textile industry prior to the Revolution, the provisional government of Kerensky and the hardship of the civil war in the years following the Revolution.[2] The first typed version of the play, completed in June 1944, in which the *Vorspiel* is set in 1934, and in which modern Russian, as well as modern Georgian, names are used, certainly might encourage the pursuit of such allusions. Occasionally productions attempt to suggest links between the play and the events of 1917. For example, in the 1980 production in Kiel, Azdak, played by the black-bearded Hagen Marks, was made to look uncannily like Tsar Nicholas II in the scene in which he acted out the role of the Großfürst. In the revised version, however, which Brecht completed in the autumn of 1944, and which forms the basis of the present published text, the timing of the *Vorspiel* has been advanced to the closing years of the Second World War, following the expulsion of the German forces from the Caucasus by the Russian armies in the winter of 1942–3. Thus Brecht introduced a reference to more recent historical events, and somewhat widened the political significance of the play as a whole.

Brecht's decision to set the play in the Caucasus, a mountain range in Georgia, now one of the republics of the Soviet Union, had been taken at an early stage in composition. He may have felt that with a Georgian setting the play was less likely to encounter western prejudice, or it is possible that in view of Georgia's history he felt that it was an appropriate region to present a revolution. Over the centuries Georgia was engaged in an uphill struggle to preserve its independence against attempts at foreign domination from Turkey to the east, Persia to the south and Russia to the north. It was annexed by tsarist Russia in 1801, and following the Revolution of 1917, was eventually incorporated into the USSR by Stalin in 1921.

Though Brecht makes no attempt at historical or geographical verisimilitude, he does seek to evoke local colour and atmosphere. There are references to real places such as the ancient capital of Tiflis (now Tblisi), to the glacier of the Janga-Tau, a high mountain in the central Caucasus, and to the Georgian Military Highway, which was built in the nineteenth century. In the revised version Brecht substituted for many of the modern names ancient Georgian names, some of which were probably taken from a history of Georgian literature which Brecht read at the time of composition.[3] For example, Kazbeki (the name given to the Fat Prince) and Orbeliani (the hanged judge) were Georgian writers. Others are evocative of Georgian history, both ancient and recent. Abaschwili (the deposed governor) is suggestive of Shah Abbas II, who subjected Georgia to Persian rule in the seventeenth century, and Irakli (the name ironically given by Brecht to the bandit) was a name taken by Georgian kings. In the revised version, therefore, Brecht deliberately obscured the temporal setting of the main scenes of the play, which are in the main more suggestive of the Georgia of ancient times, and he used Georgia's older Russian name of Grusinia. Some commentators have suggested that the peasant scenes evoke a south German, rather than a Russian, atmosphere, though performances still tend to suggest through costume the Russian background (see Plate II, depicting the wedding/funeral scene in the 1980–81 Kiel production).

Critical commentary

Scene 1. Despite its brevity, the first scene has always been one of the more controversial parts of *Der kaukasische Kreidekreis*. Commentators have expressed doubts concerning its relevance to the subsequent scenes and it is often omitted from performances. It is also, for the sake of convenience, usually referred to as the *Vorspiel*, a term which is itself suggestive of the scene's separateness or independence. Yet Brecht deliberately numbered it as the first scene of the play and always insisted that it formed an integral part of the whole.

The *Vorspiel* consists of a discussion by members of two Soviet collectives who have returned to an area in the Caucasus from which the Nazi invaders have withdrawn. At issue is the ownership of a valley which has been used 'seit jeher' as pasture land by goat-breeders, but which a collective of fruit-growers now wishes to develop for orchards, by means of an advanced irrigation scheme. The matter is settled swiftly and is pursued in an atmosphere of sweet reasonableness and good humour. The conclusion, in favour of the fruit-growers, is a radical one, involving a revision of the traditional principles of private ownership, and placing the social, utilitarian values of practicality and usefulness above the principle of natural birthright. Yet it is not presented as an unduly shocking decision. Those involved appear to take it for granted, even the old man who does not especially like it, and the successful contenders have already anticipated their victory by rehearsing the play whose *alte Weisheit* is to confirm the 'new wisdom' of the decision.

One of the effects of the *Vorspiel* is to give the play which follows an identifiable framework which we are never allowed to forget during performance. The poet-producer, Arkadi Tscheidse, becomes the narrator of the play, the *Sänger*, who introduces the scenes and comments on the action at significant stages with solemn commentaries in prose, and in both rhymed and blank verse, an extension of the anti-illusory devices used by Brecht in previous plays to give them an epic quality. The members of the victorious collective also become the actors, an 'alienating' feature which producers may exploit to remind audiences that they are watching a play within a play. An extreme example was provided in a production at the Glasgow Citizens' Theatre in 1980, in which the characters of the collective retained their original identity throughout, as they switched consciously and visibly from role to role, with Arkadi Tscheidse offering encouragement and advice as they did so.

The importance which Brecht attached to the role of the *Sänger* may be gauged by the fact that in the original production by the Berliner Ensemble his lead actor, Ernst Busch, played the role initially, before he took over as Azdak. The *Sänger* is accompanied by musicians, and the music used in the 1954 Ensemble production was composed by Paul Dessau. Then nine musicians were used and the instruments included a guitar, a mandolin, an accordion, a flute and an instrument which Dessau invented for the production, and which he called a *Gongspiel*, a keyboard instrument producing a harder, more metallic sound than the piano. The music itself has great variety (see Brecht's suggestions in *Über eine 'Kreidekreis'-Musik*, printed in Appendix A, pp. 111–12), but mostly has a balladesque, folksong quality, evoking the rhythms and melodies of the folk music of Armenia, Azerbaijan and Georgia itself, popularized in the west by the Georgian composer Khachaturian. Not all producers have used Dessau's music and often a smaller number of musicians are employed. However, professional productions usually take considerable trouble with the singing, as did the first production by an English company, that by the Royal Shakespeare Company in London in 1962, when Michael Flanders played the *Sänger* from his wheelchair.

Scene 2. Unlike the traditional treatments of the Chalk Circle theme, which concentrate on the personalities of the two would-be mothers of the disputed child, Brecht divides his attention in the main between one of the parties involved, the servant-girl Grusche, and the man who eventually judges the case, Azdak. Their stories are told consecutively, although they take place simultaneously, as each is affected in different ways by the revolution which takes place in the palace of the governor of Nukha, Georgi Abaschwili.

The revolution is not covered in any detail. The only information given is that the princes of Grusinia (of whom Kazbeki, the Fat Prince, is one) have conspired overnight to remove the Grand Duke and his governors, apparently for the inefficient conduct of a war with Persia. Only the bare essentials are depicted in a few brief incidents, which are enacted with ritualistic inevitability to a resonant commentary from the Sänger. Brecht's theme is apparently the precarious nature of political power, emphasized by the brutal and sudden ease with which the governor is overthrown. Brecht's comments on the *Palastrevolution* (see Appendix A, p. 110) suggest that he was aiming for a symbolic, rather than a realistic, representation of the revolution and that the only detail of the palace which need be depicted on stage is the gate, before which the revolution is enacted. A striking example of the symbolic effect which may be achieved by the gate was provided by the 1980–81 Kiel production, in which a complicated construction made of bare wood and resembling a scaffold, dominated the stage, symbolizing, as the reviewer in the *Kieler Nachrichten* put it, 'den Bereich jener Mächtigen, die nicht nur mit dem Volk, sondern auch mit sich selbst so grotesk-blutrünstig umgehen' (see Plate I). The ritualistic, stylized effect is usually reinforced in performance by the use of masks, following the precedent of the 1954 Ensemble production. Then, according to Brecht, their purpose was to characterize symbolically the nature of feudal society, their fixed expressions conveying something of the hard, cold inhumanity of the aristocratic characters, though part-masks were also used for some of the servants and the oppressed to show that they too were part of the rigid system.

Yet despite the emphasis on symbol and ritual, Brecht does not conceal the realities of the social conditions of this world, for we see the starving beggars and cripples at the governor's gates and hear of the slums which will be demolished to accommodate his new garden. All the people can hope for is a revolution, but the revolution that they get is no spontaneous, popular uprising, but rather a carefully planned palace revolution, a transfer of power from one mighty aristocrat to another. In the panic that follows, the poor are apparently left no better off than before. Out of the chaos there emerges no new age of social justice. Instead we find a human quality, which the *Sänger* calls *Güte*, and which is exhibited in one single individual, Grusche Vachnadze, who saves the governor's child after it has been abandoned by its mother.

The contrast between Grusche and Natella Abaschwili seems at first to be a straightforward one between good and evil. The governor's wife is a caricature of the heartless, inhumane aristocrat, hysterically shrieking at her servants, striking them without due cause, and then abandoning her child in the heat of the moment when she realizes her own life is in danger. Grusche has already been sympathetically portrayed in the simple and touchingly formal love scene with Simon, and now her humanity comes across as an apparently spontaneous expression of her true nature: initially she cannot herself abandon the child, simply because it 'schaut einen an wie ein Mensch'. It is noteworthy that Brecht does not present the contrast in terms of class, for the other servants are, like Natella Abaschwili, more concerned with saving their own skins. Grusche's humanity is not typical of her kind. She is an individual, possessing qualities which raise her above servant and mistress alike.

Not that Grusche takes the child off without reflection or hesitation, for after her initial spontaneous gesture of protection she sets it down with the apparent intention of leaving it behind, and she waits all night before eventually taking it away. Like the scene depicting the governor's arrest, this sequence is enacted in dumb show to the accompaniment of a commentary by the *Sänger* who, in another piece of *Verfremdung*, analyses her psychological state. The most significant words in the *Sänger*'s commentary are loudly declaimed: 'Schrecklich ist die Verführung zur Güte!' Throughout the sequence Grusche is being 'tempted to do good,' a strikingly novel description of the situation, for one might have assumed that any 'temptation' would have pulled her in the direction of her own interests, at the expense of those of the child. But Grusche's response to the child is essentially an emotional one. Ultimately she cannot resist the temptation to save it, even though her sigh suggests that she recognizes full well what the result may be for her. In his notes to the play, Brecht describes her in American slang terms as a 'sucker' for allowing her maternal instincts to saddle her with this burden (see Appendix A, p. 109). His attitude finds its expression in the play in the comments of the servants, who call her *die Einfältige* and *die Dumme* for naïvely placing the interests of the child above her own. It is presumably in the light of these implications that the *Sänger* calls her temptation *schrecklich*, for Grusche's goodness, or *Freundlichkeit*, is, like that of Kattrin in *Mutter Courage* and Shen Te in *Der gute Mensch von Sezuan*, an unfortunate quality, which in these circumstances can only lead her into danger and suffering. This quality is not shown by the more astute, who are bent on their own survival, for, as Brecht put it in a conversation on the play in 1955, 'die üblen Zeiten

ınachen Menschlichkeit zu einer Gefährdung für die Men-
schlichen'.[4]

Scene 3. The contrast between Grusche and other characters
continues during her flight with the child into the Caucasian
mountains. The flight is of an episodic nature, consisting of a
series of incidents in which Grusche encounters problems concerning food, accommodation and route. For the 1954 Ensemble
production the stage manager, Karl von Appen, constructed a
revolving turntable which carried the backcloth and which
always moved in the opposite direction to Grusche's own, so
that the flight could be enacted without interruption. This process is suggested in the text by such stage directions as 'Eine
Bauernhütte taucht auf.' The kind of problems facing Grusche
are announced immediately in the first short incident in which
she tries to buy milk. It is a very domestic scene, the language is
colloquial, and Grusche shows spirit in the face of the man who
tries to sell milk at an extortionate price. Naturally we sympa-
thize with Grusche, but we cannot totally condemn the old
farmer, for he has had his goats stolen, and clearly has to ask a
high price to stay alive: his situation and attitude thus provide an
illustration of how the political events have affected life eco-
nomically. Grusche may put the child first, and herself last,
whereas the farmer puts himself first. Yet he is not necessarily to
be blamed for this and the answer to the question: 'Which of
them is right?' is not necessarily a simple one. A similar reaction
is even prompted by the scene in the caravanserai, for the heartless aristocrats, though *Unmenschen*, are primarily interested in
saving their own skins.

Brecht conceived Grusche at this stage as a beast of burden,
'the salt of the earth', he called her, stubborn, persistent, practical and resourceful, the dramatic embodiment of Brueghel's
portrait *Dulle Griet* (Mad Meg).[5] In the London Royal
Shakespeare production Patsy Byrne appears to have conveyed
something of the same, for *The Times* of 30 March, 1962 wrote
as follows of her performance:

She carries through many vicissitudes a homespun quality of heart. She will endure anything rather than cease to look after as best she can a helpless child. She plods with it through the mountains; she carries it across a bridge that the iron guards in pursuit fear to attempt. By simply being this cheerful, simple, unheroic soul Miss Byrne ends by amply proving to our satisfaction that children should belong to those who are motherly.

Yet Grusche's behaviour is not always constant, and she does not remain steadfast throughout (see Brecht's comments on *Der Weg in die nördlichen Gebirge*, printed in Appendix A, pp. 110–11). At one stage, for example, she in effect abandons the child when she attempts to leave it in the care of the peasant woman. She gives the child a practical and apparently unemotional explanation as to why she must leave him, but deep down she experiences contradictory emotions, expressed on her behalf by the *Musiker* (p. 39). The verse commentaries of the *Sänger* and his *Musiker* give us an inkling of Grusche's growing emotional attachment to the child, to be confirmed by Grusche's own words when she becomes her own commentator ('Weil ich dich zu lang geschleppt . . .', p. 44).

As Eric Bentley has pointed out, the child becomes hers by stages and in the end she *becomes* the mother.[6] The passages of verse also add a lyrical note to the play, contrasting with the colloquial and more realistic episodes, such as the attempt to suckle the child, and also the bed-making scene in the caravanserai. The play offers a striking stylistic mixture of colloquialisms, proverbs and folk utterances, and lyrical songs whose imagery is often drawn from the world of nature. The function of the verse commentaries is primarily to clarify Grusche's emotions, but they also heighten the emotional appeal. It is true that the *Sänger*'s terse, factual statements at the beginning of each episode may encourage a more detached view of Grusche's behaviour and remind us that this is the theatre of enquiry, rather than of identification. But as *Die Flucht* proceeds, the *Sänger*'s own sympathy for her grows and he himself begins to call out to her, thus also encouraging a more active involvement on the part of the audience: 'Lauf, Freundliche, die Töter kommen!' (p. 40).

Scene 4. The emotional appeal increases when Grusche, ill and exhausted, is refused a bed in her brother's house, and spends the winter with the child in the store-room. At this stage Brecht was aware that his text was becoming emotionally *too* highly charged, and in rehearsals he asked his actors to introduce their speeches with 'da sagte der Mann,' 'da sagte die Frau', etc. so that they might not become too involved with their roles. But at the end of this scene, when we have a highly ironic, but potentially moving conclusion to the Grusche story, Brecht instructed his *Sänger* to put feeling into his words and the actors to display their emotions on their faces. By now Grusche has had to marry in order to give the child a respectable name. The man she marries is presumed to be dying, which is convenient, for it is only respectability she needs. But as the wedding ceremony is performed, the end of the Persian war is announced and the husband Jussup stages a miraculous recovery (he had obviously been feigning illness to avoid military service). Grusche now finds herself with an unwanted real live husband and it is at this moment that her fiancé Simon returns from the war. The two look at each other, separated by a stream, apparently too over-come to articulate the emotions they feel, and it is left to the *Sänger* to relate angrily and reproachfully what Simon has endured in the war, to explain with touching simplicity what Grusche felt she had to endure for the child. As Charles Lyons has written, this scene provides a most vivid demonstration of the aesthetic potential of the narrative technique of Brecht's epic theatre and the estrangement device of the *Sänger*'s commentary actually increases the emotional appeal.[7] And then the final cruel irony, the arrival of the *Panzerreiter*, to take away the child for which she has apparently now sacrificed everything in vain.

Not all the episodes in the Grusche scenes have such a serious tone, for there is much comedy and satire en route. Even the threatening figures of the *Panzerreiter* are treated with humour, as the private tries vainly to instil into his dim-witted, unresponsive companion something of the unscrupulous brutality of the true soldier, whilst Brecht's own instructions to the actors reveal the comic potential of the brief scene when the peasant and his wife discover the child at their door (see Appendix B, pp. 113–15). But the most uproarious scene is the wedding scene, with its combination of the bedridden, apparently unconscious bridegroom, who threatens to 'pop off' before the marriage can be solemnized, the drunken monk, the groom's mother desperately trying to retain control of the proceedings and to conceal the inescapable existence of the bride's child, and the guests, who do not know whether they have been invited to a wedding or a funeral. In Brecht's Ensemble production the comic effect was enhanced by the tiny size of the room in which the guests were squeezed, an example followed faithfully by the Kiel production (see Plate II).

In none of these scenes does Brecht's narrator take an overtly critical stance, but most of the characters display in turn, and to varying degrees, weaknesses or vices. We see, for example, the heartlessness of the aristocratic ladies at the caravanserai, the uncharitableness of the peasant who does not wish to give the child a home, the cowardice of Grusche's brother, who is too frightened of his 'pious' wife to make Grusche truly welcome. These are people who, in the difficult circumstances in which they find themselves, place their own survival or convenience above other considerations and who, unlike Grusche, are not open to the 'schreckliche Verführung zur Güte.' Even the servants in the revolution scene come into this category, for although they are not actively opposed to Grusche, their lives are in danger, so they simply do not offer to help.

Scene 5. This scene is a flashback, for it takes us back to Nukha to fill in the political details of the two years which have meanwhile passed. Its purpose is to characterize the judge Azdak, who will eventually decide the case between Grusche and Natella Abaschwili regarding the custody of the child, and it provides the play with a highly entertaining and compelling piece of action. The epic is now sacrificed almost entirely in favour of the dramatic and the Sänger is less in evidence, the stage now being dominated by a new, arresting character.

Azdak is a humble man, a village scribe, educated and literate, but who lives in primitive conditions. Brecht called him a fundamentally honest man who lives as a tramp (see *Rat für die Besetzung des Azdak*, printed in Appendix A, p. 109), and he comes across as an attractive mixture of the humanitarian intellectual and the disreputable ruffian, with a healthy disrespect for the authorities (the kind of image, in fact, which Brecht himself presented in his bohemian days in Munich and Berlin). Ernst Busch, who played the part in the 1954 Ensemble production, succeeded in combining in his Azdak the witty philosopher and the lusty lover of life, the fighter for justice and the sensualist, playing him as a 'kühnen, spöttischen und heißblütigen Menschen mit gutem und edlem Herzen.'[8] Similarly, Hugh Griffith, who played Azdak in London in 1962, was described by *The Times* as follows:

> He is corrupt, lecherous, bawdy and able. But his mind is in a state of ceaseless activity and we are well aware that underneath all his carnal surface emotionalism he is a man of decent instincts.

Many of the complexities in Azdak's nature are suggested in the opening scene when, following the princes' revolution against the Grand Duke and his governors, Azdak is seen offering sanctuary to a fugitive who, we later learn, is the Grand Duke himself. His contempt for the wealthy is conveyed by the earthy wit of his language, and he appears to reject the fugitive's 'proposition' on principle, yet he cannot resist pressing him for an extortionate sum for his night's security. He is well aware of his fugitive's social origins, yet because of his own humanity and desire to outwit the authorities, Azdak does not hand him over the the police and even teaches him to eat his cheese as a poor man, so as to facilitate his escape.

Azdak initially hopes that in the confusion following the princes' coup, the carpet-weavers have successfully brought off a popular revolution with the promise of a new age of equality and social justice. Hence, after realizing the identity of the fugitive whom he helped to escape, he now feels that as a would-be revolutionary himself, he must offer himself for judgement, after committing what could be regarded as a counter-revolutionary act. Whether Azdak is really prepared to die for his 'crime' is left open, but what Brecht wishes us to see at this stage is Azdak the political idealist. There is more than a touch of naïvety in him as he sees the figure of the judge Orbeliani hanging from the gallows and excitedly concludes that all the detested organs of authority have suffered the same fate and that the people now rule. Brecht turns the moment of his disillusionment, when the *Panzerreiter* tell him that on behalf of Prince Kazbeki they have crushed the carpet-weavers' revolt, into one of the most moving of the play, as Azdak tries to slink away, his head in his hands, knowing what will probably be in store for him at the hands of these unruly thugs. But the *Panzerreiter* do not hang Azdak, as we might assume. Brecht does not give us their reasons, though he did suggest in a conversation at rehearsal that it may be because they are simply tired of killing, or perhaps enjoy having the terrified Azdak at their mercy, or may even be impressed by Azdak's honest manner.[9] His comments here are themselves sufficient to suggest that in this part of the play Brecht is not concerned with precise motivation of characters' behaviour.

In the remarkable scene that follows Azdak is made judge in place of the hanged Orbeliani. In this scene Azdak takes part in a mock trial, designed to test out the capabilities of Kazbeki's nominee, his ineffectual nephew Bizergan (often played by a woman in performance). Brecht's aim here is to demonstrate Azdak's intelligence and political insight, through his brilliant impersonation of the accused, the Grand Duke. He even attacks the princes themselves, accusing them of mismanaging the war for their own financial advantage. Azdak's impudence is positively outrageous (as Kazbeki exclaims in alarm, he 'redet wie ein Teppichweber'), and prepares us for the manner he is about to adopt as judge. What can Azdak be hoping to achieve at this juncture? As he wrestled with Azdak's problematic character during composition, Brecht realized that the key to his behaviour lay in his disappointment on discovering that the revolution had resulted only in the replacement of the Grand Duke's hated regime with a similar one under new masters.[10] Azdak reacts as a disappointed revolutionary with the bitter wisdom of the disillusioned intellectual, but in the guise of the fool, taking his chance to demonstrate that the new regime is just as iniquitous and corrupt as the old.

The choice of Azdak as judge instead of Kazbeki's nephew is a most unexpected turn of events, not least to the amazed Azdak, who in a hilarious scene finds himself not dragged to the gallows, but set on the seat of wisdom, draped in the judge's robe, and with a basket on his head. Again the reasons for the behaviour of the *Panzerreiter* are not clear. Perhaps they do it for fun, or perhaps the truth of Azdak's accusations against the princes has struck home to them, or it may be that they simply wish to demonstrate to Kazbeki that it is they who hold the balance of power.

There follow examples of cases drawn from Azdak's career as judge. Each case amounts to a legal puzzle, culminating in an unconventional piece of judgement, which is technically false, but which is arguably morally just, and has a twisted, or instinctive, logic to it. The judgements always favour the accused, rather than the plaintiff, the poor against the rich. The doctor is acquitted of professional misconduct, because he treats patients for nothing, whereas his wealthy patron is fined; the farmers who accuse the old peasant woman of 'receiving' stolen cattle are also fined, whereas she and the thief are invited to take a bottle of wine with Azdak. As for Azdak, he is obviously intent on using his privileged situation as much for his own physical well-being as to exercise his social conscience. Having taken a moral stand and convicted Ludowika (rather than the Knecht) of rape, he insists on enjoying in her company a private inspection of the scene of the crime. He also takes bribes from the wealthy accusers − only to turn the judgements against them!

In taking bribes initially, Azdak is perhaps behaving as a

normal judge, parodying and exposing the absurdity and the corruption of the prevailing judicial circumstances. Normally the rich would win these cases. But then, through his unconventional judgements, Azdak suggests that there are other, more humane standards of justice, based on principles which are indefinable, but which are not in keeping with those usually applied to determine the letter of the law. Thus Azdak wins for himself the reputation of 'der gute schlechte Richter', suggesting the possibilities of new, less corrupt, standards, whilst exhibiting a quite outrageous degree of corruption himself. Azdak tries to help the poor, but cannot do so openly. In these cases the poor 'get by', but fortuitously, due to the eccentric and clownish behaviour of the judge who, for two years, gives the people of Grusinia a brief golden age 'beinah der Gerechtigkeit'.

With the conclusion of *Die Geschichte des Richters* we have been brought up to date again, to the point in time at which we left Grusche at the end of Scene 4. The Grand Duke has now returned, which means the end of the *Zeit der Unordnung*, and Azdak now has reason to fear once more for his life. Immediately he appears to capitulate in the face of the return of authoritarian rule, cringing before Natella Abaschwili and agreeing that her child will be restored to her (see Plate III). Azdak's refusal to play the hero at this stage ('ich werd niemand den Gefallen tun, menschliche Größe zu zeigen') represents an attempt to save his own skin, and we are reminded of the capitulation to the authorities of another of Brecht's 'anti-heroes', Galileo.

Scene 6. Azdak's apparent surrender of his principles does him little good, for he is set on and beaten by the *Panzerreiter*, but at this point Brecht allows himself a small, ironic manipulation of the plot. By introducing the artificial device of the eleventh-hour messenger to reappoint Azdak as judge because he happened to save the Grand Duke's life (in the opening episode of the previous scene), he 'rescues' Azdak. It is as though we are in a make-believe, fairy-tale world in which such twists of fortune may come upon us unexpectedly like miracles to set matters right.

Thus Azdak is set up to try one last case, the dispute between

Grusche and Natella Abaschwili. The audience may already assume that he will decide in Grusche's favour. Natella is rich, Grusche poor; Natella's lawyer gives a bribe, Grusche can give nothing; the second lawyer even makes the ridiculous error (to the first lawyer's visible consternation) of revealing that Natella's main aim in reclaiming the child is to secure her own inheritance of the Abaschwili estates. Azdak may also have seen Natella applauding hysterically while the *Panzerreiter* were molesting him. But neither Grusche nor Simon behaves humbly towards Azdak, for Simon has the effrontery to reveal himself as Azdak's equal in intelligence (in the exchange of proverbs), and Grusche, who does not understand his methods, accuses him of betraying his own kind and selling out to the rich. Thus although Azdak beams at Grusche, obviously recognizing a fellow spirit, matters are held up.

Interestingly, this is the first case which Azdak does not immediately solve, and he has to resort to the Chalk Circle test. In rehearsal Brecht insisted that this is a *genuine* test in that the past behaviour of the two women is of no significance for Azdak's decision. Azdak does not weigh up the claims of *Blutsbande* against those of nurture, but tests the women to see how they react *now*. But there is more than a suspicion that Azdak already has a shrewd idea as to how Grusche will react. He does not believe that the child is hers, but he has heard of the personal sacrifices she has made on its behalf. Her descriptions of the child ('es ist ein gewöhnliches,' 'es hat eine Nase im Gesicht gezeigt') and of her relationship to it ('ich hab's aufgezogen, und es kennt mich') have an honesty and simplicity about them which are themselves indicative of a genuine attachment. What impresses Azdak most is Grusche's sullen silence in reaction to his suggestion that if the child is hers, she should be pleased for him to go to a wealthy home. Grusche's thoughts here are once more voiced for the audience by the *Sänger*, but Azdak has an intuitive understanding of her feelings. He senses that her refusal to allow the child to take on the inhumane characteristics of the wealthy represents a true love. For Grusche, Michel is an ordinary little boy, and must remain so.

It is Grusche's love, in contrast to Natella's grasping posses-siveness, that the test is designed to reveal. It marks the culmina-tion of a contrast which has been increasingly evident from the beginning, and Azdak's consequent decision in favour of Grusche likewise marks the culmination of his humanity and social wisdom. Thus the two plots are united at the final moment of the drama with the promise of the marriage of Grusche and Simon and their adoption of the 'Kind der Liebe'. Thus the 'heroine' is happily rewarded, and the unheroic Azdak becomes for a moment the 'hero' of the play. But again, as at the moment of Azdak's fortuitous re-instatement, we are reminded that we are in a fictional, almost fairy-tale world, for Azdak disappears amongst the dancers, to remain only as a mythical figure in the memories of the people of Grusinia.

Social and political implications

With the disappearance of the actors from the scene, Brecht returns us briefly to the framework, suggesting an analogous connection between the situation presented in the *Vorspiel* and the events of the play performed. Both have offered similar solu-tions to a social issue and the award of the child to Grusche seems no less radical a decision than the transfer of the valley from the goat-breeders to the fruit-growers. It also involves a fundamental alteration of Brecht's main source, the original Chinese story of the Chalk Circle, in which it is the natural mother who shows the greater humanity to the child. Brecht's version, then, represents a rejection of the traditional values of birthright and ties of blood and a seemingly revolution-ary revision of the concept of true motherliness. Grusche's *Mütterlichkeit*, we are given to understand, consists in the fact that she is 'good' for the child.

But one should not perhaps take the analogy too far, for Grusche has revealed through her love for the child a far deeper attachment than is suggested in this narrow definition. And if she loves her child, then the goat-breeders, who love their valley, might claim a greater affinity to her than to the inhumane Natella Abaschwili. This unsatisfactory relationship between *Vorspiel* and play was suggested in the *Nachspiel* which Brecht wrote for the first version of the play and which was followed in the 1980 Glasgow production, when the goat-breeders reappeared at the conclusion and objected to the comparison!

More fruitful than a detailed comparison of the two decisions is a comparison of the respective social and political conditions in which they take place. Brecht presents two contrasting worlds. In the one, social issues are settled through reasonable and orderly debate. The other is a more violent and disorderly world, in which social justice is eventually achieved only in the most exceptional and fortuitous of circumstances.

Brecht's choice for the *Vorspiel* of a contemporary setting in the Soviet Union, significantly, perhaps, the only such instance in his more mature plays, naturally suggests the implication that the Soviet system is being upheld as an ideal, in contrast to the iniquities of pre-revolutionary society. For some years the *Vorspiel* tended to be dismissed in the west as a piece of Marxist propaganda: it was, for example, omitted from the West German première in Frankfurt in 1955 and was not included in any American production until 1965. Certainly the assertion in the *Vorspiel* by the Traktoristin that the laws must be re-examined to see if they are still valid, is a Marxist view. In a sense Azdak also 're-examines' the law when he turns against the ruling classes and the rich, and produces his various eccentric pieces of judgement. Seen in this light, his 'golden age' is a brief anticipation in a pre-revolutionary era of a time when such decisions will be as universally accepted as is the decision over the valley. In the post-revolutionary world of the *Vorspiel*, Grusche would not need an Azdak to give her custody of the child.

Yet it is doubtful whether Brecht ever intended the *Vorspiel* to be regarded as an authentic picture of life under a communist regime. There is evidence that he had no illusions about life in the Soviet Union, and when he passed through Russia in 1941 on his way to the United States he refused, unlike many German communists, to settle there while Hitler remained in power.

When he eventually opted for life in the German Democratic Republic, he took the precaution of securing for himself an Austrian passport and a western publisher. Thereafter he was ever aware of the contradictions between his own ideals and the attitude of Ulbricht's government. He became more critical of oppressive measures, particularly with regard to the administration of justice, and he felt uneasy over the brutal reaction of the regime to the workers' uprising of 17 June 1953. When *Der kaukasische Kreidekreis* was performed in Berlin in 1954, he must therefore have been aware of the contrast between the atmosphere of the *Vorspiel* and the social conditions enjoyed by his audience. In terms of detail, it has been pointed out that the methods used to settle the dispute over the valley are hardly in keeping with the normal legal practices of Soviet agricultural collectives.[11] This was in fact suggested by the reaction of critics to the 1957 performances in Leningrad and Moscow, who firmly denied any similarity between the idealized world of the *Vorspiel* and life in the Soviet Union!

For these and other reasons it would also be unwise to interpret *Der kaukasische Kreidekreis* solely in terms of Marxist ideology. Despite the play's obvious Marxist implications, it contains no truly socialist revolution (Azdak sings songs about revolution, but the uprising of the carpet-weavers is quickly crushed). We do not witness the establishment of a new political system here, any more than in Brecht's other late plays. He simply presents what amounts to a period of semi-anarchy, during which Azdak takes advantage of the chaotic circumstances to provide a tantalizing foretaste of the kind of justice that might be achieved in some future age. Brecht's decision to transpose the setting of the *Vorspiel* from the 1934 of the first version to the closing years of the Second World War may provide a clue to his real intentions. The defeat of the German armies in Russia was a major turning point in the war, and for Brecht gave hope of a new, humane and 'friendlier' age in Europe, whose character may be vaguely and optimistically suggested by the animated discussion of the Georgian peasants as they rebuild their society after the Nazi occupation. It is from this standpoint, perhaps, that Brecht is looking back briefly, and by implication, to the atrocities of the Nazi regime, and then to the brutality and injustice of a bygone age.

In the Grusche and Azdak scenes, Brecht's main purpose is to expose the harshness of the regime and a legal system which protects property owners and the upper classes. In such a situation virtue and goodness are of little avail and it is arguable that the play carries with it the fundamental Brechtian principle that personal survival is the supreme value.[12] Consequently the characters who 'get by' are those apparently selfish, grasping, heartless and inhumane characters whom Grusche encounters on her journey through the Caucasus. The Marxist would argue that the fault does not lie with the characters themselves, but with the social system in which they have to survive, and Brecht's presentation of the situation permits one to take this view of the circumstances if one wishes. The Marxist would also argue that the solution to the ills of the world should be a political one and that Grusche's humanity is in effect 'irrelevant'. But the *Kreidekreis* does not leave us with this feeling. Certainly we sense the need for change. As Eric Bentley writes, 'the longing for a new age hovers about the Chalk Circle, and any good production should seem haunted by it'.[13] But the sense of 'progress' is conveyed in the play not through any political programme, but in human qualities, the goodness and motherliness of Grusche, the instinctive sense of justice of Azdak. Brecht presents Grusche simply as *die Menschliche*, who seeks help in vain until she encounters Azdak. The Chalk Circle test is as much a celebration of humanitarian as of Marxist ideals, of *alte Weisheit*, as of the new.

NOTES

1. For a full account of Brecht's use of the *Verfremdungseffekt*, see Keith A. Dickson, *Towards Utopia. A Study of Brecht* (Oxford: Clarendon, 1978), pp. 228–53.
2. Betty Nance Weber, *Brechts 'Kreidekreis', ein Revolutions-*

stück: *mit Texten aus dem Nachlaß* (Frankfurt am Main: Suhrkamp, 1978), pp. 30–3.

3. J.M. Ritchie, 'Georgian names in Bertolt Brecht's *Der kaukasische Kreidekreis*: a note', *New German Studies* 3 (1975), 48–52.

4. Werner Hecht (ed.), *Materialien zu Brechts 'Der kaukasische Kreidekreis'* (Frankfurt am Main: Suhrkamp, 1968), p. 26.

5. ibid., p. 32.

6. Eric Bentley, '*The Caucasian Chalk Circle*', in E. Bentley, *The Theatre of War* (London: Eyre Methuen, 1972), p. 180.

7. Charles R. Lyons, *Bertolt Brecht: the Despair and the Polemic* (Carbondale and Edwardsville: Southern Illinois University Press, 1968), pp. 140–1.

8. *Materialien zu Brechts 'Der kaukasische Kreidekreis'*, p. 121.

9. ibid., p. 76.

10. ibid., pp. 31–2.

11. Martin Esslin, *Brecht: a Choice of Evils. A Critical Study of the Man, his Work and his Opinions* (London: Eyre & Spottiswoode, 1959), p. 196.

12. W.A.J. Steer, 'The thematic unity of Brecht's *Der kaukasische Kreidekreis*', *German Life and Letters* NS 21 (1967–8), 7.

13. Bentley, p. 182.

BIBLIOGRAPHY

GENERAL STUDIES OF BRECHT

Brustein, Robert, 'Bertolt Brecht,' in R. Brustein, *The Theatre of Revolt* (London: Methuen, 1965), pp. 229–78.

Dickson, Keith A., *Towards Utopia. A study of Brecht* (Oxford: Clarendon, 1978).

Esslin, Martin, *Brecht: a Choice of Evils. A Critical Study of the Man, his Work and his Opinions* (London: Eyre & Spottiswoode, 1959).

Ewen, Frederic, *Bertolt Brecht: his Life, his Art and his Times* (New York: Citadel Press, 1967).

Gray, Ronald, *Brecht* (Edinburgh and London: Oliver & Boyd, 1961).

Hill, Claude, *Bertolt Brecht* (Boston: Twayne, 1975).

Lyons, Charles R., *Bertolt Brecht: the Despair and the Polemic* (Carbondale and Edwardsville: Southern Illinois University Press, 1968).

Morley, Michael, *Brecht: a Study* (London: Heinemann, 1977).

White, Alfred D., *Bertolt Brecht's Great Plays* (London and Basingstoke: Macmillan, 1978).

CRITICAL STUDIES OF *DER KAUKASISCHE KREIDEKREIS*

Bentley, Eric, '*The Caucasian Chalk Circle*,' in E. Bentley, *The Theatre of War* (London: Eyre Methuen, 1972), pp. 172–82.

Fuegi, John, '*The Caucasian Chalk Circle* in performance', in

Brecht Heute. Brecht Today, Jahrbuch der Internationalen Brecht-Gesellschaft, I (Frankfurt am Main: Athenäum, 1971), pp. 137–49.

Gray, Ronald, 'On Brecht's *The Caucasian Chalk Circle*'. in Peter Demetz (ed.), *Brecht: a Collection of Critical Essays* (Englewood Cliffs, N.J.: Prentice Hall, 1962), pp. 151–6.

Holmes, T.M., 'Descrying the dialectic: a heterodox line on the prologue to Brecht's *Der kaukasische Kreidekreis*', *Journal of European Studies* 7 (1977), 95–106.

Jacobs, Jürgen, 'Die Rechtspflege des Azdak: Zu Brechts *Kaukasischem Kreidekreis*,' *Euphorion* 62 (1968), 421–4.

Jendreiek, Helmut, '*Der Kaukasische Kreidekreis*', in H. Jendreiek, *Bertolt Brecht. Drama der Veränderung* (Düsseldorf: Bagel, 1969), pp. 295–351.

Mathieu, G. Bording, 'Zur Deutung der vorletzten Zeile in Brechts *Der kaukasische Kreidekreis*,' *Monatshefte 63 (1971)*, 235–41.

Ritchie, J.M., *Brecht: Der kaukasische Kreidekreis*, *Studies in German Literature* 10 (London: Arnold, 1976).

Steer, W.A.J., 'The thematic unity of Brecht's *Der kaukasische Kreidekreis*', *German Life and Letters* NS 21 (1967–8), 1–10.

Tscharchalaschwili, Surab, '*Der kaukasische Kreidekreis*, seine Geschichte und die Verfremdungstheorie von Bertolt Brecht', *Weimarer Beiträge (Brecht Sonderheft)* (1968), 171–84.

BACKGROUND STUDIES OF *DER KAUKASISCHE KREIDEKREIS*

Hecht, Werner (ed.), *Materialien zu Brechts 'Der kaukasische Kreidekreis*,' (Frankfurt am Main: Suhrkamp, 1968).

Read, Malcolm, 'Brecht, Klabund and the Chalk Circle', *Modern Languages* 53 (1972), 28–32.

Ritchie, J.M., 'Georgian names in Bertolt Brecht's *Der kaukasische Kreidekreis*: a note,' *New German Studies* 3 (1975), 48–52.

Weber, Betty Nance, *Brechts 'Kreidekreis', ein Revolutions-stück: mit Texten aus dem Nachlaß* (Frankfurt am Main: Suhrkamp, 1978).

TRANSLATIONS

The Caucasian Chalk Circle, in *Parables for the Theatre. Two Plays by Bertolt Brecht*, trs. Eric Bentley (Harmondsworth: Penguin, 1966), pp. 111−207.
This translation has also been published separately as:
The Caucasian Chalk Circle by Bertolt Brecht, trs. Eric Bentley, ed. Michael Marland (London and Glasgow: Blackie, 1967).
Brecht, Bertolt, *The Caucasian Chalk Circle*, trs. James and Tania Stern with W.H. Auden (London: Eyre Methuen, 1963).

ACKNOWLEDGEMENTS

I owe a considerable debt of gratitude to my colleague in the German Department at Stirling University, Dr Malcolm Read, who has lent me published material and has constantly made available to me his own specialized knowledge of Brecht.

I also wish to thank Miss Lilian G. Pearcey for a major contribution to typing, and my wife for her encouragement, sensible suggestions and sound advice.

Special acknowledgement is due to Mr Hans-Jörg Grell, Dramaturg of the Bühnen der Landeshauptstadt Kiel, and to Mr Joachim Thode of Kiel-Mönkeberg, for permission to publish photographs from the 1980−81 production of *Der kaukasische Kreidekreis* at the Schauspielhaus, Kiel, Schleswig-Holstein. I am indebted to the University of Stirling for a generous grant to enable me to go and see this production.

BT
Stirling, 12 June 1981

DER KAUKASISCHE KREIDEKREIS

PLATE I The Governor is led away

PLATE II The Wedding–Funeral scene

PLATE III Azdak at the return of Natella Abaschwili

PERSONEN

Ein alter Bauer rechts; eine Bäuerin rechts; ein junger Bauer; ein sehr junger Arbeiter — Ein alter Bauer links; eine Bäuerin links; die Agronomin; die junge Traktoristin; der verwundete Soldat und andere Kolchosbauern und -bäuerinnen — Der Sachverständige aus der Hauptstadt — Der Sänger Arkadi Tscheidse — Seine Musiker — Georgi Abaschwili, der Gouverneur — Seine Frau Natella — Ihr Sohn Michel — Shalva, der Adjutant — Arsen Kazbeki, der fette Fürst — Der Meldereiter aus der Hauptstadt — Niko Mikadze und Mikha Loladze, Ärzte — Der Soldat Simon Chachava — Das Küchenmädchen Grusche Vachnadze — Drei Baumeister — Vier Kammerfrauen: Assja; Mascha; Sulika; die dicke Nina — Kinderfrau — Köchin — Koch — Stallknecht — Bedienstete im Gouverneurspalast — Panzerreiter und Soldaten des Gouverneurs und des fetten Fürsten — Bettler und Bittsteller — Der alte Milchbauer — Zwei vornehme Damen — Der Wirt — Der Hausknecht — Gefreiter — Soldat »Holzkopf« — Eine Bäuerin und ihr Mann — Drei Händler — Lavrenti Vachnadze, Grusches Bruder — Seine Frau Aniko — Deren Knecht — Die Bäuerin, vorübergehend Grusches Schwiegermutter — Ihr Sohn Jussup — Bruder Anastasius, ein Mönch — Hochzeitsgäste — Kinder — Der Dorfschreiber Azdak — Schauwa, ein Polizist — Ein Flüchtender, der Großfürst — Der Arzt — Der Invalide — Der Hinkende — Der Erpresser — Ludowika, die Schwiegertochter des Wirts — Eine alte arme Bäuerin — Ihr Schwager Irakli, ein Bandit — Drei Großbauern — Illo Schuboladze und Sandro Oboladze, Anwälte — Das sehr alte Ehepaar

2

1

DER STREIT UM DAS TAL

Zwischen den Trümmern eines zerschossenen kaukasischen Dorfes sitzen im Kreis, weintrinkend und rauchend, Mitglieder zweier Kolchosdörfer, meist Frauen und ältere Männer; doch auch einige Soldaten. Bei ihnen ist ein Sachverständiger der staatlichen Wiederaufbaukommission aus der Hauptstadt.

EINE BÄUERIN LINKS *zeigt:* Dort in den Hügeln haben wir drei Nazitanks* aufgehalten, aber die Apfelpflanzung war schon zerstört.

EIN ALTER BAUER RECHTS Unsere schöne Meierei: Trümmer!

EINE JUNGE TRAKTORISTIN LINKS Ich habe das Feuer gelegt,* Genosse.

Pause

DER SACHVERSTÄNDIGE Hört jetzt das Protokoll: Es erschienen in Nukha die Delegierten des Ziegenzuchtkolchos »Galinsk«. Auf Befehl der Behörden hat der Kolchos, als die Hitlerarmeen anrückten, seine Ziegenherden weiter nach Osten getrieben. Er erwägt jetzt die Rücksiedlung in dieses Tal. Seine Delegierten haben Dorf und Gelände besichtigt und einen hohen Grad von Zerstörung festgestellt. *Die Delegierten rechts nicken.* Der benachbarte Obstbaukolchos »Rosa Luxemburg«* – *nach links* – stellt den Antrag, daß das frühere Weideland des Kolchos »Galinsk«,* ein Tal mit spärlichem Graswuchs, beim Wiederaufbau für Obst-und Weinbau verwertet wird. Als Sachverständiger der Wiederaufbaukommission ersuche ich die beiden Kolchosdörfer, sich selber darüber zu einigen, ob der Kolchos »Galinsk« hierher zurückkehren soll oder nicht.

DER ALTE RECHTS Zunächst möchte ich noch einmal gegen die Beschränkung der Redezeit protestieren. Wir vom Kolchos »Galinsk« sind drei Tage und drei Nächte auf dem Weg hierher gewesen, und jetzt soll es nur eine Diskussion von einem halben Tag sein!

EIN VERWUNDETER SOLDAT LINKS Genosse, wir haben nicht mehr so viele Dörfer und nicht mehr so viele Arbeitshände* und nicht mehr soviel Zeit.

DIE JUNGE TRAKTORISTIN Alle Vergnügungen müssen rationiert werden, der Tabak ist rationiert und der Wein und die Diskussion auch.

DER ALTE RECHTS *seufzend:* Tod den Faschisten!* So komme ich zur Sache und erkläre euch also, warum wir unser Tal zurückhaben wollen. Es gibt eine große Menge von Gründen, aber ich will mit einem der einfachsten anfangen. Makinä Abakidze, pack den Ziegenkäse aus.

Eine Bäuerin rechts nimmt aus einem großen Korb einen riesigen, in ein Tuch geschlagenen Käselaib. Beifall und Lachen.

Bedient euch, Genossen, greift zu.

EIN ALTER BAUER LINKS *mißtrauisch:* Ist der als Beeinflussung gedacht?*

DER ALTE RECHTS *unter Gelächter:* Wie soll der als Beeinflussung gedacht sein, Surab, du Talräuber! Man weiß, daß du den Käse nehmen wirst und das Tal auch. *Gelächter.* Alles, was ich von dir verlange, ist eine ehrliche Antwort. Schmeckt dir dieser Käse?

DER ALTE LINKS Die Antwort ist: Ja.

DER ALTE RECHTS So. *Bitter:* Ich hätte es mir denken können, daß du nichts von Käse verstehst.

DER ALTE LINKS Warum nicht? Wenn ich dir sage, er schmeckt mir.

4

DER ALTE RECHTS Weil er dir nicht schmecken k a n n. Weil er nicht ist, was er war in den alten Tagen. Und warum ist er nicht mehr so? Weil unseren Ziegen das neue Gras nicht so schmeckt, wie ihnen das alte geschmeckt hat. Käse ist nicht Käse, weil Gras nicht Gras ist, das ist es. Bitte, das zu Protokoll zu nehmen.

DER ALTE LINKS Aber euer Käse ist ausgezeichnet.

DER ALTE RECHTS Er ist nicht ausgezeichnet, kaum mittelmäßig. Das neue Weideland ist nichts, was immer die Jungen sagen. Ich sage, man kann nicht leben dort. Es riecht nicht einmal richtig nach Morgen dort am Morgen.
Einige lachen.

DER SACHVERSTÄNDIGE Ärgere dich nicht, daß sie lachen, sie verstehen dich doch. Genossen, warum liebt man die Heimat? Deswegen: das Brot schmeckt da besser, der Himmel ist höher, die Luft ist da würziger, die Stimmen schallen da kräftiger, der Boden begeht sich da leichter.* Ist es nicht so?

DER ALTE RECHTS Dieses Tal hat uns seit jeher gehört.

DER SOLDAT Was heißt »seit jeher«? Niemandem gehört nichts seit jeher. Als du jung warst, hast du selber dir nicht gehört, sondern den Fürsten Kazbeki.*

DER ALTE RECHTS Nach dem Gesetz gehört uns das Tal.

DIE JUNGE TRAKTORISTIN Die Gesetze müssen auf jeden Fall überprüft werden, ob sie noch stimmen.*

DER ALTE RECHTS Das versteht sich. Ist es etwa gleich,* was für ein Baum neben dem Haus steht, wo man geboren ist? Oder was für Nachbarn man hat, ist das gleich? Wir wollen zurück, sogar, um euch neben unserm Kolchos zu haben, ihr Talräuber. Jetzt könnt ihr wieder lachen.

DER ALTE LINKS *lacht:* Warum hörst du dir dann nicht ruhig an, was deine »Nachbarin« Kato Wachtang, unsere Agronomin, über das Tal zu sagen hat?

EINE BÄUERIN RECHTS Wir haben noch lang nicht alles gesagt, was wir zu sagen haben über unser Tal. Von den Häusern sind nicht alle zerstört, von der Meierei steht zumindest noch die Grundmauer.

DER SACHVERSTÄNDIGE Ihr habt einen Anspruch auf Staatshilfe – hier und dort, das wißt ihr.

DIE BÄUERIN RECHTS Genosse Sachverständiger, das ist kein Handel hier.* Ich kann dir nicht deine Mütze nehmen und dir eine andre hinhalten mit »die ist besser«. Die andere kann besser sein, aber die deine gefällt dir besser.

DIE JUNGE TRAKTORISTIN Mit einem Stück Land ist es nicht wie mit einer Mütze, nicht in unserm Land, Genossin.

DER SACHVERSTÄNDIGE Werdet nicht zornig. Es ist richtig, wir müssen ein Stück Land eher wie ein Werkzeug ansehen, mit dem man Nützliches herstellt, aber es ist auch richtig, daß wir die Liebe zu einem besonderen Stück Land anerkennen müssen. Bevor wir mit der Diskussion fortfahren, schlage ich vor, daß ihr den Genossen vom Kolchos »Galinsk« erklärt, was ihr mit dem strittigen Tal anfangen wollt.

DER ALTE RECHTS Einverstanden.

DER ALTE LINKS Ja, laßt Kato reden.

DER SACHVERSTÄNDIGE Genossin Agronomin!

DIE AGRONOMIN LINKS *steht auf, sie ist in militärischer Uniform:* Genossen, im letzten Winter, als wir als Partisanen* hier in den Hügeln kämpften, haben wir davon gesprochen, wie wir nach der Vertreibung der Deutschen unsere Obstkultur zehnmal so groß wiederaufbauen könnten. Ich habe das Projekt einer Bewässerungsanlage ausgearbeitet. Vermittels eines Staudamms an unserm Bergsee können 300 Hektar unfruchtbaren Bodens bewässert werden. Unser Kolchos könnte dann nicht nur mehr Obst, sondern auch Wein anbauen. Aber das Projekt lohnt sich nur, wenn man auch das strittige Tal des Kolchos »Galinsk« einbeziehen könnte. Hier sind die Berechnungen. *Sie überreicht dem Sachverständigen eine Mappe.*

DER ALTE RECHTS Schreiben Sie ins Protokoll, daß unser Kolchos beabsichtigt, eine neue Pferdezucht aufzumachen.

DIE JUNGE TRAKTORISTIN Genossen, das Projekt ist ausgedacht worden in den Tagen und Nächten, wo wir in den Bergen hausen mußten und oft keine Kugeln mehr für die paar Gewehre hatten. Selbst die Beschaffung des Bleistifts war schwierig.
Beifall von beiden Seiten.

DER ALTE RECHTS Unsern Dank den Genossen vom Kolchos »Rosa Luxemburg« und allen, die die Heimat verteidigt haben!
Sie schütteln einander die Hände und umarmen sich.

DIE BÄUERIN LINKS Unser Gedanke war dabei, daß unsere Soldaten, unsere und eure Männer, in eine noch fruchtbarere Heimat zurückkommen sollten.

DIE JUNGE TRAKTORISTIN Wie der Dichter Majakowski* gesagt hat, »die Heimat des Sowjetvolkes soll auch die Heimat der Vernunft sein«!
Die Delegierten rechts sind, bis auf den Alten, aufgestanden und studieren mit dem Sachverständigen die Zeichnungen der Agronomin. Ausrufe wie: »Wieso ist die Fallhöhe 22 Meter!« – »Der Felsen hier wird gesprengt!« – »Im Grund brauchen sie nur Zement und Dynamit!« – »Sie zwingen das Wasser, hier herunterzukommen, das ist schlau!«

EIN SEHR JUNGER ARBEITER RECHTS *zum Alten rechts:* Sie bewässern alle Felder zwischen den Hügeln, schau dir das an, Alleko.

DER ALTE RECHTS Ich werde es mir nicht anschauen. Ich wußte es, daß das Projekt gut sein würde. Ich lasse mir nicht die Pistole auf die Brust setzen.*

DER SOLDAT Aber sie wollen dir nur den Bleistift auf die Brust setzen.
Gelächter.

DER ALTE RECHTS *steht düster auf und geht, sich die Zeichnungen zu betrachten:* Diese Talräuber wissen leider zu genau, daß wir Maschinen und Projekten nicht widerstehen können hierzulande.

7

DIE BÄUERIN RECHTS Alleko Bereschwili, du bist selber der Schlimmste mit neuen Projekten,* das ist bekannt.

DER SACHVERSTÄNDIGE Was ist mit meinem Protokoll?* Kann ich schreiben, daß ihr bei eurem Kolchos die Abtretung eures alten Tals für dieses Projekt befürworten werdet?

DIE BÄUERIN RECHTS Ich werde sie befürworten. Wie ist es mit dir, Alleko?

DER ALTE RECHTS *über den Zeichnungen:* Ich beantrage, daß ihr uns Kopien von den Zeichnungen mitgebt.

DIE BÄUERIN RECHTS Dann können wir uns zum Essen setzen. Wenn er erst einmal die Zeichnungen hat und darüber diskutieren kann, ist die Sache erledigt. Ich kenne ihn. Und so ist es mit den andern bei uns.
Die Delegierten umarmen sich wieder lachend.

DER ALTE LINKS Es lebe der Kolchos »Galinsk«, und viel Glück zu eurer neuen Pferdezucht!

DIE BÄUERIN LINKS Genossen, es ist geplant, zu Ehren des Besuchs der Delegierten vom Kolchos »Galinsk« und des Sachverständigen ein Theaterstück unter Mitwirkung des Sängers Arkadi Tscheidse aufzuführen, das mit unserer Frage zu tun hat.
Beifall.
Die junge Traktoristin ist weggelaufen, den Sänger zu holen.

DIE BÄUERIN RECHTS Genossen, euer Stück muß gut sein, wir bezahlen es mit einem Tal.

DIE BÄUERIN LINKS Arkadi Tscheidse kann 21 000 Verse.

DER ALTE LINKS Wir haben das Stück unter seiner Leitung einstudiert. Man kann ihn übrigens nur sehr schwer bekommen.* Ihr in der Plankommission solltet euch darum kümmern, daß man ihn öfter in den Norden heraufbekommt, Genosse.

DER SACHVERSTÄNDIGE Wir befassen uns eigentlich mehr mit Ökonomie.

DER ALTE LINKS *lächelnd:* Ihr bringt Ordnung in die Neuverteilung von Weinreben und Traktoren, warum nicht von Gesängen?

*Von der jungen Traktoristin geführt, tritt der Sänger Arkadi
Tscheidse, ein stämmiger Mann von einfachem Wesen, in den
Kreis. Mit ihm sind Musiker mit ihren Instrumenten. Die
Künstler werden mit Händeklatschen begrüßt.*

DIE JUNGE TRAKTORISTIN Das ist der Genosse Sachverständige,
Arkadi.

Der Sänger begrüßt die Umstehenden.

DIE BÄUERIN RECHTS Es ehrt mich sehr, Ihre Bekanntschaft zu
machen. Von Ihren Gesängen habe ich schon auf der Schul-
bank gehört.

DER SÄNGER Diesmal ist es ein Stück mit Gesängen, und fast der
ganze Kolchos spielt mit. Wir haben die alten Masken*
mitgebracht.

DER ALTE RECHTS Wird es eine der alten Sagen sein?

DER SÄNGER Eine sehr alte. Sie heißt »Der Kreidekreis« und
stammt aus dem Chinesischen. Wir tragen sie freilich in
geänderter Form vor. Jura, zeig mal die Masken. Genossen,
es ist eine Ehre für uns, euch nach einer schwierigen Debatte
zu unterhalten. Wir hoffen, ihr werdet finden, daß die
Stimme des alten Dichters auch im Schatten der Sowjettrak-
toren klingt. Verschiedene Weine zu mischen mag falsch sein,
aber alte und neue Weisheit mischen sich ausgezeichnet. Nun,
ich hoffe, wir alle bekommen erst zu essen, bevor der Vortrag
beginnt. Das hilft nämlich.

STIMMEN Gewiß. – Kommt alle ins Klubhaus.

Alle gehen fröhlich zum Essen.

*Während des Aufbruchs wendet sich der Sachverständige an
den Sänger.*

DER SACHVERSTÄNDIGE Wie lange wird die Geschichte dauern,
Arkadi? Ich muß noch heute nacht zurück nach Tiflis.

DER SÄNGER *beiläufig:* Es sind eigentlich zwei Geschichten. Ein
paar Stunden.

DER SACHVERSTÄNDIGE *sehr vertraulich:* Könntet ihr es nicht
kürzer machen?

DER SÄNGER Nein.

9

2

DAS HOHE KIND*

DER SÄNGER *vor seinen Musikern auf dem Boden sitzend, einen schwarzen Umhang aus Schafsleder um die Schultern, blättert in einem abgegriffenen Textbüchlein mit Zetteln:**

In alter Zeit, in blutiger Zeit
Herrschte in dieser Stadt, »die Verdammte«* genannt
Ein Gouverneur mit Namen Georgi Abaschwili.
Er war reich wie der Krösus.*
Er hatte eine schöne Frau.
Er hatte ein gesundes Kind.
Kein andrer Gouverneur in Grusinien hatte
So viele Pferde an seiner Krippe
Und so viele Bettler an seiner Schwelle
So viele Soldaten in seinem Dienste
Und so viele Bittsteller in seinem Hofe.
Wie soll ich euch einen Georgi Abaschwili beschreiben?
Er genoß sein Leben.
An einem Ostersonntagmorgen
Begab sich der Gouverneur mit seiner Familie
In die Kirche.

Aus dem Torbogen eines Palastes quellen Bettler und Bittsteller, magere Kinder, Krücken, Bittschriften hochhaltend. Hinter ihnen zwei Panzersoldaten, dann in kostbarer Tracht die Gouverneursfamilie.

DIE BETTLER UND BITTSTELLER Gnade, Euer Gnaden, die Steuer ist unerschwinglich. – Ich habe mein Bein im Persischen

Krieg eingebüßt, wo kriege ich . . . – Mein Bruder ist
unschuldig, Euer Gnaden, ein Mißverständnis. – Er stirbt
mir vor Hunger.* – Bitte um Befreiung unsres letzten
Sohnes aus dem Militärdienst. – Bitte, Euer Gnaden, der
Wasserinspektor ist bestochen.

*Ein Diener sammelt die Bittschriften, ein anderer teilt Münz-
en aus einem Beutel aus. Die Soldaten drängen die Menge
zurück, mit schweren Lederpeitschen auf sie einschlagend.*

SOLDAT Zurück! Das Kirchentor freimachen!

Hinter dem Gouverneurspaar und dem Adjutanten wird aus
dem Torbogen das Kind des Gouverneurs in einem prunkvol-
len Wägelchen gefahren. Die Menge drängt wieder vor, es zu
sehen. Rufe aus der Menge: »Das Kind!« – »Ich kann es
nicht sehen, drängt nicht so.« – »Gottes Segen, Euer
Gnaden.«*

DER SÄNGER *während die Menge zurückgepeitscht wird:*
Zum erstenmal an diesen Ostern sah das Volk den Erben.
Zwei Doktoren gingen keinen Schritt* von dem Hohen
Kind
Augapfel des Gouverneurs.
Selbst der mächtige Fürst Kazbeki
Erwies ihm vor der Kirchentür seine Reverenz.

Ein fetter Fürst tritt herzu und begrüßt die Familie.

DER FETTE FÜRST Fröhliche Ostern, Natella Abaschwili.
Man hört einen Befehl. Ein Reiter sprengt heran, hält dem
Gouverneur eine Rolle mit Papieren entgegen. Auf einen
Wink des Gouverneurs begibt sich der Adjutant, ein schöner
junger Mann, zu dem Reiter und hält ihn zurück. Es entsteht
eine kurze Pause, während der fette Fürst den Reiter
mißtrauisch mustert.*
Was für ein Tag! Als es gestern nacht regnete, dachte ich
schon: trübe Feiertage. Aber heute morgen: ein heiterer
Himmel. Ich liebe heitere Himmel, Natella Abaschwili, ein
simples Herz. Und der kleine Michel, ein ganzer Gouverneur,

11

tititi. *Er kitzelt das Kind.* Fröhliche Ostern, kleiner Michel, tititi.

DIE GOUVERNEURSFRAU Was sagen Sie, Arsen, Georgi hat sich endlich entschlossen, mit dem Bau des neuen Flügels an der Ostseite zu beginnen. Die ganze Vorstadt mit den elenden Baracken wird abgerissen für den Garten.

DER FETTE FÜRST Das ist eine gute Nachricht nach so vielen schlechten. Was hört man vom Krieg, Bruder Georgi? *Auf die abwinkende Geste des Gouverneurs:* Ein strategischer Rückzug, höre ich? Nun, das sind kleine Rückschläge, die es immer gibt. Einmal steht es besser, einmal schlechter. Kriegsglück. Es hat wenig Bedeutung, wie?

DIE GOUVERNEURSFRAU Er hustet! Georgi,. hast du gehört? *Scharf zu den beiden Ärzten, zwei würdevollen Männern, die dicht hinter dem Wägelchen stehen:* Er hustet.

ERSTER ARZT *zum zweiten:* Darf ich Sie daran erinnern, Niko Mikadze, daß ich gegen das laue Bad war? Ein kleines Versehen bei der Temperierung des Badewassers, Euer Gnaden.

ZWEITER ARZT *ebenfalls sehr höflich:* Ich kann Ihnen unmöglich beistimmen, Mikha Loladze, die Badewassertemperatur ist die von unserm geliebten großen Mishiko Oboladze angegebene.* Eher Zugluft in der Nacht, Euer Gnaden.

DIE GOUVERNEURSFRAU Aber so sehen Sie doch nach ihm. Er sieht fiebrig aus, Georgi.

ERSTER ARZT *über dem Kind:* Kein Grund zur Beunruhigung, Euer Gnaden. Das Badewasser ein bißchen wärmer, und es kommt nicht mehr vor.

ZWEITER ARZT *mit giftigem Blick auf ihn:* Ich werde es nicht vergessen, lieber Mikha Loladze. Kein Grund zur Besorgnis, Euer Gnaden.

DER FETTE FÜRST Aai, ai, ai, ai! Ich sage immer: meine Leber sticht, dem Doktor 50 auf die Fußsohlen.* Und das auch nur, weil wir in einem verweichlichten Zeitalter leben; früher hieß es einfach: Kopf ab!

DIE GOUVERNEURSFRAU Gehen wir in die Kirche, wahrscheinlich ist es die Zugluft hier.

Der Zug, bestehend aus der Familie und dem Dienstpersonal, biegt in das Portal einer Kirche ein. Der fette Fürst folgt. Der Adjutant tritt aus dem Zug und zeigt auf den Reiter.

DER GOUVERNEUR Nicht v o r dem Gottesdienst, Shalva.

DER ADJUTANT *zum Reiter:* Der Gouverneur wünscht nicht, vor dem Gottesdienst mit Berichten behelligt zu werden, besonders wenn sie, wie ich annehme, deprimierender Natur sind. Laß dir in der Küche etwas zu essen geben, Freund.

Der Adjutant schließt sich dem Zug an, während der Reiter mit einem Fluch in das Palasttor geht.* Ein Soldat kommt aus dem Palast und bleibt im Torbogen stehen.

DER SÄNGER
Die Stadt ist stille.
Auf dem Kirchplatz stolzieren die Tauben.
Ein Soldat der Palastwache
Scherzt mit einem Küchenmädchen
Das vom Fluß herauf mit einem Bündel kommt.

In den Torbogen will eine Magd, unterm Arm ein Bündel aus großen grünen Blättern.

DER SOLDAT Was, das Fräulein ist nicht in der Kirche, schwänzt den Gottesdienst?

GRUSCHE Ich war schon angezogen, da hat für das Osteressen eine Gans gefehlt, und sie haben mich gebeten, daß ich sie hol, ich versteh was von Gänsen.*

DER SOLDAT Eine Gans? *Mit gespieltem Mißtrauen:* Die müßt ich erst sehen, diese Gans.

Grusche versteht nicht.

Man muß vorsichtig sein mit den Frauenzimmern. Da heißt es: »Ich hab nur eine Gans geholt«, und dann war es etwas ganz anderes.

GRUSCHE *geht resolut auf ihn zu und zeigt ihm die Gans:* Da ist sie. Und wenn es keine 15-Pfund-Gans ist und sie haben sie nicht mit Mais geschoppt, eß ich die Federn.

DER SOLDAT Eine Königin von einer Gans! Die wird vom Gouverneur selber verspeist werden. Und das Fräulein war also wieder einmal am Fluß?

GRUSCHE Ja, beim Geflügelhof.

DER SOLDAT Ach so, beim Geflügelhof, unten am Fluß, nicht etwa oben bei den gewissen Weiden?

GRUSCHE Bei den Weiden bin ich doch nur, wenn ich das Linnen wasche.

DER SOLDAT *bedeutungsvoll:* Eben.

GRUSCHE Eben was?

DER SOLDAT *zwinkernd:* Eben das.

GRUSCHE Warum soll ich denn nicht bei den Weiden Linnen waschen?

DER SOLDAT *lacht übertrieben:* »Warum soll ich denn nicht bei den Weiden Linnen waschen?« Das ist gut, wirklich gut.

GRUSCHE Ich versteh den Herrn Soldat nicht. Was soll da gut sein?

DER SOLDAT *listig:* Wenn manche wüßte, was mancher weiß, würd ihr kalt und würd ihr heiß.*

GRUSCHE Ich weiß nicht, was man über die gewissen Weiden wissen könnte.

DER SOLDAT Auch nicht, wenn vis-à-vis* ein Gestrüpp wäre, von dem aus alles gesehen werden könnte? Alles, was da so geschieht, wenn eine bestimmte Person »Linnen wäscht«!

GRUSCHE Was geschieht da? Will der Herr Soldat nicht sagen, was er meint, und fertig?

DER SOLDAT Es geschieht etwas, bei dem vielleicht etwas gesehen werden kann.

GRUSCHE Der Herr Soldat meint doch nicht, daß ich an einem heißen Tag einmal meine Fußzehen ins Wasser stecke, denn sonst ist nichts.*

DER SOLDAT Und mehr. Die Fußzehen und mehr.

GRUSCHE Was mehr? Den Fuß höchstens.

DER SOLDAT Den Fuß und ein bißchen mehr. *Er lacht sehr.*

GRUSCHE *zornig:* Simon Chachava, du solltest dich schämen. Im
 Gestrüpp sitzen und warten, bis eine Person an einem heißen
 Tag das Bein in den Fluß gibt. Und wahrscheinlich noch
 zusammen mit einem andern Soldaten! *Sie läuft weg.*

DER SOLDAT *ruft ihr nach:* Nicht mit einem andern!
 *Wenn der Sänger seine Erzählung wieder aufnimmt, läuft der
 Soldat Grusche nach.*

DER SÄNGER
 Die Stadt liegt stille, aber warum gibt es Bewaffnete?
 Der Palast des Gouverneurs liegt friedlich
 Aber warum ist er eine Festung?

Aus dem Portal links tritt schnellen Schrittes der fette Fürst. *
*Er bleibt stehen, sich umzublicken. Vor dem Torbogen rechts
warten zwei Panzerreiter. Der Fürst sieht sie und geht langsam
an ihnen vorbei, ihnen ein Zeichen machend; dann schnell ab.
Der eine Panzerreiter geht durch den Torbogen in den Palast;
der andere bleibt als Wächter zurück. Man hört hinten von
verschiedenen Seiten gedämpfte Rufe »Zur Stelle«: der
Palast ist umstellt. Von fern Kirchenglocken. Aus dem Portal
kommt der Zug mit der Gouverneursfamilie zurück aus der
Kirche.*

Da kehrte der Gouverneur in seinen Palast zurück
Da war die Festung eine Falle
Da war die Gans gerupft und gebraten
Da wurde die Gans nicht mehr gegessen
Da war Mittag nicht mehr die Zeit zum Essen
Da war Mittag die Zeit zum Sterben.

DIE GOUVERNEURSFRAU *im Vorbeigehen:* Es ist wirklich
 unmöglich, in dieser Baracke zu leben, aber Georgi baut

natürlich nur für seinen kleinen Michel, nicht etwa für mich. Michel ist alles, alles für Michel!

DER GOUVERNEUR Hast du gehört, »Fröhliche Ostern« von Bruder Kazbeki! Schön und gut, aber es hat meines Wissens in Nukha nicht geregnet gestern nacht. Wo Bruder Kazbeki war, regnete es. Wo war Bruder Kazbeki?

DER ADJUTANT Man muß untersuchen.

DER GOUVERNEUR Ja, sofort. Morgen.

Der Zug biegt in den Torbogen ein. Der Reiter, der inzwischen aus dem Palast zurückgekehrt ist, tritt auf den Gouverneur zu.

DER ADJUTANT Wollen Sie nicht doch den Reiter aus der Hauptstadt hören, Exzellenz? Er ist heute morgen mit vertraulichen Papieren eingetroffen.

DER GOUVERNEUR *im Weitergehen:* Nicht vor dem Essen, Shalva!

DER ADJUTANT *während der Zug im Palast verschwindet und nur zwei Panzerreiter der Palastwache am Tor zurückbleiben, zum Reiter:* Der Gouverneur wünscht nicht, vor dem Essen mit militärischen Berichten behelligt zu werden, und den Nachmittag wird Seine Exzellenz Besprechungen mit hervorragenden Baumeistern widmen, die auch zum Essen eingeladen sind. Hier sind sie schon. *Drei Herren sind herangetreten. Während der Reiter abgeht, begrüßt der Adjutant die Baumeister.* Meine Herren, Seine Exzellenz erwartet Sie zum Essen. Seine ganze Zeit wird nur Ihnen gewidmet sein. Den großen neuen Plänen! Kommen Sie schnell!

EINER DER BAUMEISTER Wir bewundern es, daß Seine Exzellenz also trotz der beunruhigenden Gerüchte über eine schlimme Wendung des Krieges in Persien zu bauen gedenkt.

DER ADJUTANT Sagen wir: wegen ihnen!* Das ist nichts. Persien ist weit! Die Garnison hier läßt sich für ihren Gouverneur in Stücke hauen.

Aus dem Palast kommt Lärm. Ein schriller Aufschrei einer

16

Frau, Kommandorufe. Der Adjutant geht entgeistert auf den Torbogen zu. Ein Panzerreiter tritt heraus, ihm den Spieß entgegenhaltend. Was ist hier los? Tu den Spieß weg, Hund. *Rasend zu der Palastwache:* Entwaffnen! Seht ihr nicht, daß ein Anschlag auf den Gouverneur gemacht wird? *Die angesprochenen Panzerreiter der Palastwache gehorchen nicht.* Sie blicken den Adjutanten kalt und gleichgültig an und folgen auch dem übrigen ohne Teilnahme. Der Adjutant erkämpft sich den Eingang in den Palast.*

EINER DER BAUMEISTER Die Fürsten! Gestern nacht war in der Hauptstadt eine Versammlung der Fürsten, die gegen den Großfürsten und seine Gouverneure sind. Meine Herren, wir machen uns besser dünn.*
Sie gehen schnell weg.

DER SÄNGER
O Blindheit der Großen! Sie wandeln wie Ewige
Groß auf gebeugten Nacken,* sicher
Der gemieteten Fäuste, vertrauend
Der Gewalt, die so lang schon gedauert hat.
Aber lang ist nicht ewig.
O Wechsel der Zeiten! Du Hoffnung des Volks!

Aus dem Torbogen tritt der Gouverneur, gefesselt, mit grauem Gesicht, zwischen zwei Soldaten, die bis an die Zähne bewaffnet sind.

Auf immer, großer Herr! Geruhe, aufrecht zu gehen!*
Aus deinem Palast folgen dir die Augen vieler Feinde!
Du brauchst keine Baumeister mehr, es genügt ein Schreiner.
Du ziehst in keinen neuen Palast mehr, sondern in ein kleines
Erdloch.
Sieh dich noch einmal um, Blinder!

Der Verhaftete blickt sich um.
17

Gefällt dir, was du hattest? Zwischen Ostermette und Mahl
Gehst du dahin, von wo keiner zurückkehrt.

*Er wird abgeführt. Die Palastwache schließt sich an. Ein
Hornalarmruf wird hörbar. Lärm hinter dem Torbogen.*

Wenn das Haus eines Großen zusammenbricht
Werden viele Kleine erschlagen.
Die das Glück der Mächtigen nicht teilten
Teilen oft ihr Unglück. Der stürzende Wagen
Reißt die schwitzenden Zugtiere
Mit in den Abgrund.*

Aus dem Torbogen kommen in Panik Dienstboten gelaufen.

DIE DIENSTBOTEN *durcheinander:* Die Lastkörbe! Alles in den
dritten Hof! Lebensmittel für fünf Tage. – Die gnädige
Frau liegt in einer Ohnmacht. – Man muß sie herunter-
tragen, sie muß fort. – Und wir? – Uns schlachten sie wie
die Hühner ab, das kennt man. – Jesus Maria, was wird
sein? – In der Stadt soll schon Blut fließen.* – Unsinn, der
Gouverneur ist nur höflich aufgefordert worden, zu einer
Sitzung der Fürsten zu erscheinen, alles wird gütlich geregelt
werden, ich habe es aus erster Quelle.
Auch die beiden Ärzte stürzen auf den Hof.

ERSTER ARZT *sucht den zweiten zurückzuhalten:* Niko Mikadze,
es ist Ihre ärztliche Pflicht, Natella Abaschwili Beistand zu
leisten.

ZWEITER ARZT Meine Pflicht? Die Ihrige!

ERSTER ARZT Wer hat das Kind heute, Niko Mikadze, Sie oder
ich?

ZWEITER ARZT Glauben Sie wirklich, Mikha Loladze, daß ich
wegen dem Balg eine Minute länger in einem verpesteten
Haus bleibe?
*Sie geraten ins Raufen. Man hört nur noch »Sie verletzen Ihre
Pflicht!« und »Pflicht hin, Pflicht her!« dann schlägt der*

zweite Arzt den ersten nieder.
Oh, geh zur Hölle. *Ab.*

DIE DIENSTBOTEN Man hat Zeit bis Abend, vorher sind die Soldaten nicht besoffen. – Weiß man denn, ob sie schon gemeutert haben? – Die Palastwache ist abgeritten. – Weiß denn
immer noch niemand, was passiert ist?

GRUSCHE Der Fischer Meliwa sagt, in der Hauptstadt hat man
am Himmel einen Kometen gesehen mit einem roten Schweif,
das hat Unglück bedeutet.

DIE DIENSTBOTEN Gestern soll in der Hauptstadt bekannt gewor-
den sein, daß der Persische Krieg ganz verloren ist. – Die
Fürsten haben einen großen Aufstand gemacht. Es heißt, der
Großfürst ist schon geflohen. Alle seine Gouverneure werden
hingerichtet. – Den Kleinen tun sie nichts. Ich habe meinen
Bruder bei den Panzerreitern.

*Der Soldat Simon Chachava kommt und sucht im Gedränge
Grusche.*

DER ADJUTANT *erscheint im Torbogen:* Alles in den dritten Hof!
Alles beim Packen helfen!
Er treibt das Gesinde weg. Simon findet endlich Grusche.

SIMON Da bist du ja, Grusche. Was wirst du machen?

GRUSCHE Nichts. Für den Notfall habe ich einen Bruder mit
einem Hof im Gebirge. Aber was ist mit dir?

SIMON Mit mir ist nichts.* *Wieder förmlich:* Grusche Vachnadze, deine Frage nach meinen Plänen erfüllt mich mit
Genugtuung. Ich bin abkommandiert, die Frau Natella Abaschwili als Wächter zu begleiten.

GRUSCHE Aber hat die Palastwache nicht gemeutert?

SIMON *ernst:* So ist es.

GRUSCHE Ist es nicht gefährlich, die Frau zu begleiten?

SIMON In Tiflis sagt man: Ist das Stechen etwa gefährlich für das
Messer?*

GRUSCHE Du bist kein Messer, sondern ein Mensch, Simon

19

Chachava. Was geht dich die Frau an?*

SIMON Die Frau geht mich nichts an, aber ich bin abkommandiert, und so reite ich.

GRUSCHE So ist der Herr Soldat ein dickköpfiger Mensch, weil er sich für nichts und wieder nichts in Gefahr begibt.
Als aus dem Palast nach ihr gerufen wird: Ich muß in den dritten Hof und habe Eile.

SIMON Da Eile ist, sollten wir uns nicht streiten, denn für ein gutes Streiten ist Zeit nötig. Ist die Frage erlaubt, ob das Fräulein noch Eltern hat?

GRUSCHE Nein. Nur den Bruder.

SIMON Da die Zeit kurz ist – die zweite Frage wäre: ist das Fräulein gesund wie der Fisch im Wasser?

GRUSCHE Vielleicht ein Reißen in der rechten Schulter mitunter, aber sonst kräftig für jede Arbeit, es hat sich noch niemand beschwert.

SIMON Das ist bekannt. Wenn es sich am Ostersonntag darum handelt, wer holt trotzdem die Gans, dann ist es sie. Frage drei: Ist das Fräulein ungeduldig veranlagt?* Will es Kirschen im Winter?

GRUSCHE Ungeduldig nicht, aber wenn in den Krieg gegangen wird* ohne Sinn und keine Nachricht kommt, ist es schlimm.

SIMON Eine Nachricht wird kommen. *Aus dem Palast wird wieder nach Grusche gerufen.* Zum Schluß die Hauptfrage . . .

GRUSCHE Simon Chachava, weil ich in den dritten Hof muß und große Eile ist, ist die Antwort schon »Ja«.

SIMON *sehr verlegen:* Man sagt: »Eile heißt der Wind, der das Baugerüst umweht.« Aber man sagt auch: »Die Reichen haben keine Eile.«* Ich bin aus . . .

GRUSCHE Kutsk . . .

SIMON Da hat das Fräulein sich also erkundigt? Bin gesund, habe für niemand zu sorgen, kriege 10 Piaster* im Monat, als

Zahlmeister 20, und bitte herzlich um die Hand.

GRUSCHE Simon Chachava, es ist mir recht.

SIMON *nestelt sich eine dünne Kette vom Hals, an der ein Kreuz-lein hängt:* Das Kreuz stammt von meiner Mutter, Grusche Vachnadze, die Kette ist von Silber; bitte, sie zu tragen.

GRUSCHE Vielen Dank, Simon.
Er hängt sie ihr um.

SIMON Ich muß die Pferde einspannen, das versteht das Fräulein. Es ist besser, wenn das Fräulein in den dritten Hof geht, sonst gibt es Anstände.

GRUSCHE Ja, Simon.
Sie stehen unentschieden.

SIMON Ich begleite nur die Frau zu den Truppen, die treu geblieben sind. Wenn der Krieg aus ist, komm ich zurück. Zwei Wochen oder drei. Ich hoffe, meiner Verlobten wird die Zeit nicht zu lang, bis ich zurückkehre.

GRUSCHE Simon Chachava, ich werde auf dich warten.
Geh du ruhig in die Schlacht, Soldat
Die blutige Schlacht, die bittere Schlacht
Aus der nicht jeder wiederkehrt:
Wenn du wiederkehrst, bin ich da.
Ich werde warten auf dich unter der grünen Ulme
Ich werde warten auf dich unter der kahlen Ulme
Ich werde warten, bis der Letzte zurückgekehrt ist
Und danach.

Kommst du aus der Schlacht zurück
Keine Stiefel stehen vor der Tür
Ist das Kissen neben meinem leer
Und mein Mund ist ungeküßt
Wenn du wiederkehrst, wenn du wiederkehrst
Wirst du sagen können: alles ist wie einst.

SIMON Ich danke dir, Grusche Vachnadze. Und auf Wieder-sehen!

Er verbeugt sich tief vor ihr. Sie verbeugt sich ebenso tief vor ihm. Dann läuft sie schnell weg, ohne sich umzuschauen. Aus dem Torbogen tritt der Adjutant.

DER ADJUTANT *barsch:* Spann die Gäule vor den großen Wagen, steh nicht herum, Dreckkerl.

Simon Chachava steht stramm und geht ab. Aus dem Torbogen kriechen zwei Diener, tief gebückt unter ungeheuren Kisten. Dahinter stolpert, gestützt von ihren Frauen, Natella Abaschwili. Eine Frau trägt ihr das Kind nach.

DIE GOUVERNEURSFRAU Niemand kümmert sich wieder. Ich weiß nicht, wo mir der Kopf steht.* Wo ist Michel? Halt ihn nicht so ungeschickt! Die Kisten auf den Wagen! Hat man etwas vom Gouverneur gehört, Shalva?

DER ADJUTANT *schüttelt den Kopf:* Sie müssen sofort weg.

DIE GOUVERNEURSFRAU Weiß man etwas aus der Stadt?

DER ADJUTANT Nein, bis jetzt ist alles ruhig, aber es ist keine Minute zu verlieren. Die Kisten haben keinen Platz auf dem Wagen. Suchen Sie sich aus, was Sie brauchen.

Der Adjutant geht schnell hinaus.

DIE GOUVERNEURSFRAU Nur das Nötigste! Schnell, die Kisten auf, ich werde euch angeben, was mit muß.

Die Kisten werden niedergestellt und geöffnet.

Die Gouverneursfrau auf bestimmte Brokatkleider zeigend: Das Grüne und natürlich das mit dem Pelzchen! Wo sind die Ärzte? Ich bekomme wieder diese schauderhafte Migräne, das fängt immer in den Schläfen an. Das mit den Perl-Knöpfchen . . .

Grusche herein.

Du läßt dir Zeit, wie?* Hol sofort die Wärmflaschen.

Grusche läuft weg, kehrt später mit den Wärmflaschen zurück und wird von der Gouverneursfrau stumm hin und her beordert.

Die Gouverneursfrau beobachtet eine junge Kammerfrau: Zerreiß den Ärmel nicht!

DIE JUNGE FRAU Bitte, gnädige Frau, dem Kleid ist nichts passiert.

DIE GOUVERNEURSFRAU Weil ich dich gefaßt habe. Ich habe schon lang ein Auge auf dich. Nichts im Kopf, als dem Adjutanten Augen drehen!* Ich bring dich um, du Hündin. *Schlägt sie.*

DER ADJUTANT *kommt zurück:* Bitte, sich zu beeilen, Natella Abaschwili. In der Stadt wird gekämpft.
Wieder ab.

DIE GOUVERNEURSFRAU *läßt die junge Frau los:* Lieber Gott! Meint ihr, sie werden sich vergreifen an mir? Warum? *Alle schweigen. Sie beginnt, selber in den Kisten zu kramen.* Such das Brokatjäckchen! Hilf ihr! Was macht Michel? Schläft er?

DIE KINDERFRAU Jawohl, gnädige Frau.

DIE GOUVERNEURSFRAU Dann leg ihn für einen Augenblick hin und hol mir die Saffianstiefelchen aus der Schlafkammer, ich brauche sie zu dem Grünen.* *Die Kinderfrau legt das Kind weg und läuft. Zu der jungen Frau:* Steh nicht herum, du! *Die junge Frau läuft davon.* Bleib, oder ich laß dich auspeitschen. *Pause.* Und wie das alles gepackt ist, ohne Liebe und ohne Verstand. Wenn man nicht alles selber angibt . . . In solchen Augenblicken sieht man, was man für Dienstboten hat. Mascha! *Sie gibt eine Anweisung mit der Hand.* Fressen könnt ihr, aber Dankbarkeit gibt's nicht. Ich werd es mir merken.

DER ADJUTANT *sehr erregt:* Natella, kommen Sie sofort. Der Richter des Obersten Gerichts, Orbeliani, ist soeben von aufständischen Teppichwebern gehängt worden.*

DIE GOUVERNEURSFRAU Warum? Das Silberne muß ich haben, es hat 1000 Piaster gekostet. Und das da und alle Pelze, und wo ist das Weinfarbene?*

DER ADJUTANT *versucht, sie wegzuziehen:* In der Vorstadt sind Unruhen ausgebrochen. Wir müssen sogleich weg. *Ein Diener läuft davon.* Wo ist das Kind?

DIE GOUVERNEURSFRAU *ruft der Kinderfrau:* Maro! Mach das Kind fertig! Wo steckst du?

DER ADJUTANT *im Abgehen:* Wahrscheinlich müssen wir auf den Wagen verzichten und reiten.

Die Gouverneursfrau kramt in den Kleidern, wirft einige auf den Haufen, der mit soll, nimmt sie wieder weg. Geräusche werden hörbar, Trommeln. Der Himmel beginnt sich zu röten.

DIE GOUVERNEURSFRAU *verzweifelt kramend:* Ich kann das Weinfarbene nicht finden. *Achselzuckend zur zweiten Frau:* Nimm den ganzen Haufen und trag ihn zum Wagen. Und warum kommt Maro nicht zurück? Seid ihr alle verrückt geworden? Ich sagte es ja, es liegt ganz zuunterst.

DER ADJUTANT *zurück:* Schnell, schnell!

DIE GOUVERNEURSFRAU *zu der zweiten Frau:* Lauf! Wirf sie einfach in den Wagen!

DER ADJUTANT Der Wagen geht nicht mit. Kommen Sie, oder ich reite allein.

DIE GOUVERNEURSFRAU Maro! Bring das Kind! *Zur zweiten Frau:* Such, Mascha! Nein, bring zuerst die Kleider an den Wagen. Es ist ja Unsinn, ich denke nicht daran, zu reiten! *Sich umwendend, sieht sie die Brandröte und erstarrt:* Es brennt! *Sie stürzt weg; der Adjutant ihr nach. Die zweite Frau folgt ihr kopfschüttelnd mit dem Pack Kleider. Aus dem Torbogen kommen Dienstboten.*

DIE KÖCHIN Das muß das Osttor sein, was da brennt.

DER KOCH Fort sind sie. Und ohne den Wagen mit Lebensmitteln. Wie kommen jetzt wir weg?

EIN STALLKNECHT Ja, das ist ein ungesundes Haus für einige Zeit. *Zu der dritten Kammerfrau:* Sulika, ich hol ein paar Decken, wir hau'n ab.

DIE KINDERFRAU *aus dem Torbogen, mit Stiefelchen:* Gnädige Frau!

EINE DICKE FRAU Sie ist schon weg.

DIE KINDERFRAU Und das Kind. *Sie läuft zum Kind, hebt es auf.* Sie haben es zurückgelassen, diese Tiere. *Sie reicht es Grusche.* Halt es mir einen Augenblick. *Lügnerisch:* Ich sehe nach dem Wagen. *Sie läuft weg, der Gouverneursfrau nach.*

GRUSCHE Was hat man mit dem Herrn gemacht?

DER STALLKNECHT *macht die Geste des Halsabschneidens:* Fft.

DIE DICKE FRAU *bekommt, die Geste sehend, einen Anfall:* O Gottogottogottogott! Unser Herr Georgi Abaschwili! Wie Milch und Blut bei der Morgenmette,* und jetzt . . . bringt mich weg. Wir sind alle verloren, müssen sterben in Sünden. Wie unser Herr Georgi Abaschwili.

DIE DRITTE FRAU *ihr zuredend:* Beruhigen Sie sich, Nina. Man wird Sie wegbringen. Sie haben niemand etwas getan.

DIE DICKE FRAU *während man sie hinausführt:* O Gottogottogott, schnell, schnell, alles weg, vor sie kommen, vor sie kommen!

DIE DRITTE FRAU Nina nimmt es sich mehr zu Herzen als die Frau. Sogar das Beweinen müssen sie von anderen machen lassen!* *Sie entdeckt das Kind, das Grusche immer noch hält.* Das Kind! Was machst du damit?

GRUSCHE Es ist zurückgeblieben.

DIE DRITTE FRAU Sie hat es liegen lassen?! Michel, der in keine Zugluft kommen durfte!
Die Dienstboten versammeln sich um das Kind.

GRUSCHE Er wacht auf.

DER STALLKNECHT Leg ihn besser weg, du! Ich möchte nicht daran denken, was einer passiert, die mit dem Kind angetroffen wird. Ich hol unsre Sachen, ihr wartet.
Ab in den Palast.

DIE KÖCHIN Er hat recht. Wenn die anfangen, schlachten sie einander familienweise ab.* Ich hole meine Siebensachen.
Alle sind abgegangen, nur zwei Frauen und Grusche mit dem Kind auf dem Arm stehen noch da.

DIE DRITTE FRAU Hast du nicht gehört, du sollst ihn weglegen!

25

GRUSCHE Die Kinderfrau hat ihn mir für einen Augenblick zum Halten gegeben.

DIE KÖCHIN Die kommt nicht zurück, du Einfältige!

DIE DRITTE FRAU Laß die Hände davon.

DIE KÖCHIN Sie werden mehr hinter ihm her sein als hinter der Frau. Es ist der Erbe. Grusche, du bist eine gute Seele, aber du weißt, die Hellste bist du nicht.* Ich sag dir, wenn es den Aussatz hätte, wär's nicht schlimmer. Sieh zu, daß du durchkommst.*
Der Stallknecht ist mit Bündeln zurückgekommen und verteilt sie an die Frauen. Außer Grusche machen sich alle zum Weggehen fertig.

GRUSCHE *störrisch:* Es hat keinen Aussatz. Es schaut einen an wie ein Mensch.

DIE KÖCHIN Dann schau du's nicht an. Du bist gerade die Dumme, der man alles aufladen kann.* Wenn man zu dir sagt: du läufst nach dem Salat, du hast die längsten Beine, dann läufst du. Wir nehmen den Ochsenwagen, du kannst mit hinauf, wenn du schnell machst. Jesus, jetzt muß schon das ganze Viertel brennen!

DIE DRITTE FRAU Hast du nichts gepackt? Du, viel Zeit ist nicht mehr, bis die Panzerreiter von der Kaserne kommen. *Die beiden Frauen und der Stallknecht gehen ab.*

GRUSCHE Ich komme.
Grusche legt das Kind nieder, betrachtet es einige Augenblicke, holt aus den herumstehenden Koffern Kleidungsstücke und deckt damit das immer noch schlafende Kind zu. Dann läuft sie in den Palast, um ihre Sachen zu holen. Man hört Pferdegetrappel und das Aufschreien von Frauen. Herein der fette Fürst mit betrunkenen Panzerreitern. Einer trägt auf einem Spieß den Kopf des Gouverneurs.

DER FETTE FÜRST Hier, in die Mitte! *Einer der Soldaten klettert auf den Rücken eines andern, nimmt den Kopf und hält ihn prüfend über den Torbogen.* Das ist nicht die Mitte, weiter rechts, so. Was ich machen lasse, meine Lieben, laß ich

26

ordentlich machen. *Während der Soldat mit Hammer und Nagel den Kopf am Haar festmacht:* Heute früh an der Kirchentüre sagte ich Georgi Abaschwili: »Ich liebe heitere Himmel«, aber eigentlich liebe ich mehr den Blitz, der aus dem heitern Himmel kommt, ach ja. Schade ist nur, daß sie den Balg weggebracht haben,* ich brauche ihn dringend. Sucht ihn in ganz Grusinien! 1000 Piaster! *Während Grusche, sich vorsichtig umschauend, an den Torbogen kommt, geht der fette Fürst mit den Panzerreitern ab. Man hört wieder Pferdegetrappel. Grusche trägt ein Bündel und geht auf das Portal zu. Fast schon dort, wendet sie sich um, zu sehen, ob das Kind noch da ist. Da beginnt der Sänger zu singen. Sie bleibt unbeweglich stehen.*

DER SÄNGER
Als sie nun stand zwischen Tür und Tor, hörte sie
Oder vermeinte zu hören ein leises Rufen: das Kind
Rief ihr, wimmerte nicht, sondern rief ganz verständig
So jedenfalls war's ihr.* »Frau«, sagte es, »hilf mir.«
Und es fuhr fort, wimmerte nicht, sondern sprach ganz
                                                    verständig:
»Wisse, Frau, wer einen Hilferuf nicht hört
Sondern vorbeigeht, verstörten Ohrs:* nie mehr
Wird der hören den leisen Ruf des Liebsten noch
Im Morgengrauen die Amsel oder den wohligen
Seufzer der erschöpften Weinpflücker beim Angelus.«*
Dies hörend

Grusche tut ein paar Schritte auf das Kind zu und beugt sich über es

                        ging sie zurück, das Kind
Noch einmal anzusehen. Nur für ein paar Augenblicke
Bei ihm zu sitzen, nur bis wer andrer käme —
Die Mutter vielleicht oder irgendwer —

sie setzt sich dem Kind gegenüber, an die Kiste gelehnt

Nur bevor sie wegging, denn die Gefahr war zu groß, die
                                                    Stadt erfüllt
Von Brand und Jammer.

Das Licht wird schwächer, als würde es Abend und Nacht.

*Grusche ist in den Palast gegangen und hat eine Lampe und
Milch geholt, von der sie dem Kinde zu trinken gibt.*

Der Sänger laut:
Schrecklich ist die Verführung zur Güte!

*Grusche sitzt jetzt deutlich wachend bei dem Kind die Nacht
durch. Einmal zündet sie die kleine Lampe an, es anzuleuchten,
einmal hüllt sie es wärmer in einen Brokatmantel. Mitunter
horcht sie und schaut sich um, ob niemand kommt.*

Lange saß sie bei dem Kinde
Bis der Abend kam, bis die Nacht kam
Bis die Frühdämmerung kam. Zu lange saß sie.
Zu lange sah sie
Das stille Atmen, die kleinen Fäuste
Bis die Verführung zu stark wurde gegen Morgen zu
Und sie aufstand, sich bückte und seufzend das Kind nahm
Und es wegtrug.

Sie tut, was der Sänger sagt, so, wie er es beschreibt.

Wie eine Beute nahm sie es an sich
Wie eine Diebin schlich sie sich weg.

3

DIE FLUCHT IN DIE
NÖRDLICHEN GEBIRGE

DER SÄNGER
Als Grusche Vachnadze aus der Stadt ging
Auf der Grusinischen Heerstraße
Auf dem Weg in die nördlichen Gebirge
Sang sie ein Lied, kaufte Milch.

DIE MUSIKER
Wie will die Menschliche entkommen
Den Bluthunden, den Fallenstellern?
In die menschenleeren Gebirge wanderte sie
Auf der Grusinischen Heerstraße wanderte sie
Sang sie ein Lied, kaufte Milch.

*Grusche Vachnadze wandernd, auf dem Rücken in einem
Sack das Kind tragend, ein Bündel in der einen, einen großen
Stock in der anderen Hand.*

GRUSCHE *singt:*
Vier Generäle
Zogen nach Iran.
Der erste führte keinen Krieg
Der zweite hatte keinen Sieg
Dem dritten war das Wetter zu schlecht
Dem vierten kämpften die Soldaten nicht recht.
Vier Generäle
Und keiner kam an.

Sosso Robakidse*
Marschierte nach Iran.
Er führte einen harten Krieg
Er hatte einen schnellen Sieg
Das Wetter war ihm gut genug
Und sein Soldat sich gut genug schlug.
Sosso Robakidse
Ist unser Mann.

Eine Bauernhütte taucht auf.
Grusche zum Kind: Mittagszeit, essen d'Leut. Da bleiben wir
also gespannt im Gras sitzen, bis die gute Grusche ein Kännchen Milch erstanden hat. *Sie setzt das Kind zu Boden und
klopft an der Tür der Hütte; ein alter Bauer öffnet.* Kann ich
ein Kännchen Milch haben und vielleicht einen Maisfladen,
Großvater?

DER ALTE Milch? Wir haben keine Milch! Die Herren Soldaten
aus der Stadt haben unsere Ziegen.* Geht zu den Herren
Soldaten, wenn ihr Milch haben wollt.

GRUSCHE Aber ein Kännchen Milch für ein Kind werdet Ihr
doch haben, Großvater?

DER ALTE Und für ein »Vergelt's Gott!«?,* wie?

GRUSCHE Wer redet von »Vergelt's Gott!« *Zieht ihr Portemonnaie.* Hier wird ausbezahlt wie bei Fürstens.* Den Kopf
in den Wolken, den Hintern im Wasser!* *Der Bauer holt
brummend Milch.* Und was kostet also das Kännchen?

DER ALTE Drei Piaster. Die Milch hat aufgeschlagen.

GRUSCHE Drei Piaster? Für den Spritzer? *Der Alte schlägt ihr
wortlos die Tür ins Gesicht.* Michel, hast du das gehört? Drei
Piaster! Das können wir uns nicht leisten. *Sie geht zurück,
setzt sich und gibt dem Kind die Brust.* Da müssen wir es noch
mal so versuchen. Zieh, denk an die drei Piaster! Es ist nichts
drin, aber du meinst, du trinkst, und das its etwas. *Kopfschüttelnd sieht sie, daß das Kind nicht mehr saugt. Sie steht
auf, geht zur Tür zurück und klopft wieder.* Großvater, mach

auf, wir zahlen! *Leise:* Der Schlag soll dich treffen. *Als der Alte wieder öffnet:* Ich dachte, es würde einen halben Piaster kosten, aber das Kind muß was haben. Wie ist es mit einem Piaster?

DER ALTE Zwei.

GRUSCHE Mach nicht wieder die Tür zu. *Sie fischt lange in ihrem Beutelchen.* Da sind zwei. Die Milch muß aber anschlagen,* wir haben noch einen langen Weg vor uns. Es ist eine Halsabschneiderei* und eine Sünde.

DER ALTE Schlagt die Soldaten tot, wenn Ihr Milch wollt.

GRUSCHE *gibt dem Kind zu trinken:* Das ist ein teurer Spaß.* Schluck, Michel, das ist ein halber Wochenlohn. Die Leute hier glauben, wir haben unser Geld mit dem Arsch verdient.* Michel, Michel, mit dir hab ich mir etwas aufgeladen. *Den Brokatmantel betrachtend, in den das Kind gewickelt ist:* Ein Brokatmantel für 1000 Piaster und keinen Piaster für Milch. *Sie blickt nach hinten.* Dort zum Beispiel ist dieser Wagen mit den reichen Flüchtlingen, auf den müßten wir kommen.

Vor einer Karawanserei.* Man sieht Grusche, gekleidet in den Brokatmantel,* auf zwei vornehme Damen zutreten. Das Kind hat sie in den Armen. Ach, die Damen wünschen wohl auch hier zu übernachten? Es ist schrecklich, wie überfüllt alles ist, und keine Fuhrwerke aufzutreiben! Mein Kutscher kehrte einfach um, ich bin eine ganze halbe Meile zu Fuß gegangen. Barfuß! Meine persischen Schuhe – Sie kennen die Stöckel! Aber warum kommt hier niemand?

ÄLTERE DAME Der Wirt läßt auf sich warten. Seit in der Hauptstadt diese Dinge passiert sind, gibt es im ganzen Land keine Manieren mehr.
Heraus tritt der Wirt, ein sehr würdiger, langbärtiger Greis, gefolgt von seinem Hausknecht.

DER WIRT Entschuldigen Sie einen alten Mann, daß er Sie warten ließ, meine Damen. Mein kleiner Enkel zeigte mir einen Pfirsichbaum in Blüte, dort am Hang, jenseits der Maisfelder.

Wir pflanzen dort Obstbäume, ein paar Kirschen. Westlich davon – *er zeigt* – wird der Boden steiniger, die Bauern treiben ihre Schafe hin. Sie müßten die Pfirsichblüte sehen, das Rosa ist exquisit.

ÄLTERE DAME Sie haben eine fruchtbare Umgebung.

DER WIRT Gott hat sie gesegnet. Wie ist es mit der Baumblüte weiter südlich, meine Herrschaften? Sie kommen wohl von Süden?

JÜNGERE DAME Ich muß sagen, ich habe nicht eben aufmerksam die Landschaft betrachtet.

DER WIRT *höflich:* Ich verstehe, der Staub. Es empfiehlt sich sehr, auf unserer Heerstraße ein gemächliches Tempo einzuschlagen, vorausgesetzt, man hat es nicht eilig.

ÄLTERE DAME Nimm den Schleier um den Hals, Liebste. Die Abendwinde scheinen etwas kühl hier.

DER WIRT Sie kommen von den Gletschern des Janga-Tau herunter, meine Damen.

GRUSCHE Ja, ich fürchte, mein Sohn könnte sich erkälten.

ÄLTERE DAME Eine geräumige Karawanserei? Vielleicht treten wir ein?

DER WIRT Oh, die Damen wünschen Gemächer? Aber die Karawanserei ist überfüllt, meine Damen, und die Dienstboten sind weggelaufen. Ich bin untröstlich, aber ich kann niemanden mehr aufnehmen, nicht einmal mit Referenzen . . .

JÜNGERE DAME Aber wir können doch nicht hier auf der Straße nächtigen.

ÄLTERE DAME *trocken:* Was kostet es?

DER WIRT Meine Damen, Sie werden begreifen, daß ein Haus in diesen Zeiten, wo so viele Flüchtlinge, sicher sehr respektable, jedoch bei den Behörden mißliebige Personen,* Unterschlupf suchen, besondere Vorsicht walten lassen muß.* Daher . . .

ÄLTERE DAME Mein lieber Mann, wir sind keine Flüchtlinge. Wir ziehen auf unsere Sommerresidenz in den Bergen, das ist alles. Wir würden nie auf die Idee kommen, Gastlichkeit zu beanspruchen, wenn wir sie – so dringlich benötigten.

DER WIRT *neigt anerkennend den Kopf:* Unzweifelhaft nicht. Ich zweifle nur, ob der zur Verfügung stehende winzige Raum den Damen genehm wäre. Ich muß 60 Piaster pro Person berechnen. Gehören die Damen zusammen?

GRUSCHE In gewisser Weise. Ich benötige ebenfalls eine Bleibe.

JÜNGERE DAME 60 Piaster! Das ist halsabschneiderisch.*

DER WIRT *kalt:* Meine Damen, ich habe nicht den Wunsch, Hälse abzuschneiden, daher . . . *Wendet sich zum Gehen.*

ÄLTERE DAME Müssen wir von Hälsen reden? Komm schon. *Geht hinein, gefolgt vom Hausknecht.*

JÜNGERE DAME *verzweifelt:* 180 Piaster für einen Raum! *Sich umblickend nach Grusche:* Aber es ist unmöglich mit dem Kind. Was, wenn es schreit?

DER WIRT Der Raum kostet 180, für zwei oder drei Personen.

JÜNGERE DAME *dadurch verändert zu Grusche:* Andrerseits ist es mir unmöglich, Sie auf der Straße zu wissen, meine Liebe. Bitte, kommen Sie.

Sie gehen in die Karawanserei. Auf der anderen Seite der Bühne erscheint von hinten der Hausknecht mit etwas Gepäck. Hinter ihm die ältere Dame, dann die zweite Dame und Grusche mit dem Kind.

180 Piaster! Ich habe mich nicht so aufgeregt, seit der liebe Igor* nach Haus gebracht wurde.

ÄLTERE DAME Mußt du von Igor reden?

JÜNGERE DAME Eigentlich sind wir vier Personen, das Kind ist auch jemand, nicht? *Zu Grusche:* Könnten Sie nicht wenigstens die Hälfte des Preises übernehmen?

GRUSCHE Das ist unmöglich. Sehen Sie, ich mußte schnell aufbrechen, und der Adjutant hat vergessen, mir genügend Geld zuzustecken.

ÄLTERE DAME Haben Sie etwa die 60 auch nicht?

GRUSCHE Die werde ich zahlen.

JÜNGERE DAME Wo sind die Betten?

DER HAUSKNECHT Betten gibt's nicht. Da sind Decken und Säcke. Das werden Sie sich schon selber richten müssen. Seid froh, daß man euch nicht in eine Erdgrube legt wie viele andere. *Ab.*

JÜNGERE DAME Hast du das gehört? Ich werde sofort zum Wirt gehen. Der Mensch muß ausgepeitscht werden.

ÄLTERE DAME Wie dein Mann?

JÜNGERE DAME Du bist so roh. *Sie weint.*

ÄLTERE DAME Wie werden wir etwas Lagerähnliches herstellen?*

GRUSCHE Das werde ich schon machen. *Sie setzt das Kind nieder.* Zu mehreren hilft man sich immer leichter durch.* Sie haben noch den Wagen. *Den Boden fegend:* Ich wurde vollständig überrascht. > Liebe Anastasia Katarinowska< ,* sagte mein Mann mir vor dem Mittagsmahl, > lege dich noch ein wenig nieder, du weißt, wie leicht du deine Migräne bekommst.< *Sie schleppt die Säcke herbei, macht Lager; die Damen, ihrer Arbeit folgend, sehen sich an.* > Georgi< , sagte ich dem Gouverneur, > mit 60 Gästen zum Essen kann ich mich nicht niederlegen, auf die Dienstboten ist doch kein Verlaß,* und Michel Georgiwitsch ißt nicht ohne mich.< *Zu Michel:* Siehst du Michel, es kommt alles in Ordnung, was hab ich dir gesagt! *Sie sieht plötzlich, daß die Damen sie merkwürdig betrachten und auch tuscheln.* So, da liegt man jedenfalls nicht auf dem nackten Boden. Ich habe die Decken doppelt genommen.

ÄLTERE DAME *befehlerisch:* Sie sind ja recht gewandt im Bettmachen, meine Liebe. Zeigen Sie Ihre Hände!

GRUSCHE *erschreckt:* Was meinen Sie?

JÜNGERE DAME Sie sollen Ihre Hände herzeigen.
Grusche zeigt den Damen ihre Hände.
Jüngere Dame triumphierend: Rissig! Ein Dienstbote!

ÄLTERE DAME *geht zur Tür, schreit hinaus:* Bedienung!

JÜNGERE DAME Du bist ertappt, Gaunerin. Gesteh ein, was du im Schilde geführt hast.*

GRUSCHE *verwirrt:* Ich habe nichts im Schild geführt. Ich dachte, daß Sie uns vielleicht auf dem Wagen mitnehmen, ein Stückchen lang. Bitte, machen Sie keinen Lärm, ich gehe schon von selber.

JÜNGERE DAME *während die ältere Dame weiter nach Bedienung schreit:* Ja, du gehst, aber mit der Polizei. Vorläufig bleibst du. Rühr dich nicht vom Ort, du!

GRUSCHE Aber ich wollte sogar die 60 Piaster bezahlen, hier. *Zeigt die Börse.* Sehen Sie selbst, ich habe sie; da sind vier Zehner und da ist ein Fünfer, nein, das ist auch ein Zehner, jetzt sind's 60. Ich will nur das Kind auf den Wagen bekommen, das ist die Wahrheit.

JÜNGERE DAME Ach, auf den Wagen wolltest du! Jetzt ist es heraußen.*

GRUSCHE Gnädige Frau, ich gestehe es ein, ich bin niedriger Herkunft, bitte, holen Sie nicht die Polizei. Das Kind ist von hohem Stand, sehen Sie das Linnen, es ist auf der Flucht, wie Sie selber.

JÜNGERE DAME Von hohem Stand, das kennt man. Ein Prinz ist der Vater, wie?

GRUSCHE *wild zur älteren Dame:* Sie sollen nicht schreien! Habt ihr denn gar kein Herz?

JÜNGERE DAME *zur älteren:* Gib acht, sie tut dir was an, sie ist gefährlich! Hilfe! Mörder!

DER HAUSKNECHT *kommt:* Was gibt es denn?

ÄLTERE DAME Die Person hat sich hier eingeschmuggelt, indem sie eine Dame gespielt hat. Wahrscheinlich eine Diebin.

JÜNGERE DAME Und eine gefährliche dazu. Die wollte uns kaltmachen. Es ist ein Fall für die Polizei. Ich fühle schon meine Migräne kommen, ach Gott.

DER HAUSKNECHT Polizei gibt's im Augenblick nicht.
Zu Grusche: Pack deine Siebensachen, Schwester, und verschwinde wie die Wurst im Spinde.*

GRUSCHE *nimmt zornig das Kind auf:* Ihr Unmenschen! Und sie nageln eure Köpfe schon an die Mauer!*

35

DER HAUSKNECHT *schiebt sie hinaus:* Halt das Maul. Sonst kommt der Alte dazu, und der versteht keinen Spaß.

ÄLTERE DAME *zur jüngeren:* Sieh nach, ob sie nicht schon was gestohlen hat!
Während die Damen rechts fieberhaft nachsehen, ob etwas gestohlen ist, tritt links der Hausknecht mit Grusche aus dem Tor.

DER HAUSKNECHT Trau, schau, wem,* sage ich. In Zukunft sieh dir die Leute an, bevor du dich mit ihnen einläßt.

GRUSCHE Ich dachte, ihresgleichen würden sie eher anständiger behandeln.

DER HAUSKNECHT Sie denken nicht daran. Glaub mir, es ist nichts schwerer, als einen faulen und nutzlosen Menschen nachzuahmen. Wenn du bei denen in den Verdacht kommst, daß du dir selber den Arsch wischen kannst oder schon einmal im Leben mit deinen Händen gearbeitet hast, ist es aus. Wart einen Augenblick, dann bring ich dir ein Maisbrot und ein paar Äpfel.

GRUSCHE Lieber nicht. Besser, ich gehe, bevor der Wirt kommt. Und wenn ich die Nacht durchlaufe, bin ich aus der Gefahr, denke ich.
Geht weg.

DER HAUSKNECHT *ruft ihr leise nach:* Halt dich rechts an der nächsten Kreuzung.
Sie verschwindet.

DER SÄNGER
Als Grusche Vachnadze nach dem Norden ging
Gingen hinter ihr die Panzerreiter des Fürsten Kazbeki.

DIE MUSIKER
Wie kann die Barfüßige den Panzerreitern entlaufen?
Den Bluthunden, den Fallenstellern?
Selbst in den Nächten jagen sie. Die Verfolger
Kennen keine Müdigkeit. Die Schlächter
Schlafen nur kurz.
Zwei Panzerreiter trotten zu Fuß auf der Heerstraße.

DER GEFREITE Holzkopf, aus dir kann nichts werden.* Warum, du bist nicht mit dem Herzen dabei.* Der Vorgesetzte merkt es an Kleinigkeiten. Wie ich's der Dicken gemacht habe vorgestern,* du hast den Mann gehalten, wie ich dir's befohlen hab, und ihn in den Bauch getreten hast du, aber hast du's mit Freuden getan wie ein guter Gemeiner, oder nur anstandshalber?* Ich hab dir zugeschaut, Holzkopf. Du bist wie das leere Stroh oder wie die klingende Schelle,* du wirst nicht befördert. *Sie gehen eine Strecke schweigend weiter.* Bild dir nicht ein, daß ich's mir nicht merk, wie du in jeder Weise zeigst, wie du widersetzlich bist. Ich verbiet dir, daß du hinkst. Das machst du wieder nur, weil ich die Gäule verkauft habe, weil ich einen solchen Preis nicht mehr bekommen kann. Mit dem Hinken willst du mir andeuten, daß du nicht gern zu Fuß gehst, ich kenn dich. Es wird dir nicht nützen, es schadet dir. Singen!

DIE BEIDEN PANZERREITER *singen:*
Zieh ins Feld ich traurig meiner Straßen*
Mußt' zu Hause meine Liebste lassen.
Soll'n die Freunde hüten ihre Ehre
Bis ich aus dem Felde wiederkehre.

DER GEFREITE Lauter!

DIE BEIDEN PANZERREITER
Wenn ich auf dem Kirchhof liegen werde
Bringt die Liebste mir ein' Handvoll Erde.
Sagt: Hier ruhn die Füße, die zu mir gegangen
Hier die Arme, die mich oft umfangen.
Sie gehen wieder eine Strecke schweigend.

DER GEFREITE Ein guter Soldat ist mit Leib und Seele dabei.* Für einen Vorgesetzten läßt er sich zerfetzen. Mit brechendem Auge* sieht er noch, wie sein Gefreiter ihm anerkennend zunickt. Das ist ihm Lohn genug, sonst will er nichts. Aber dir wird nicht zugenickt, und verrecken mußt du doch. Kruzifix, wie soll ich mit so einem Untergebenen den Gouverneursbankert finden, das möcht ich wissen.
Sie gehen weiter.

DER SÄNGER
  Als Grusche Vachnadze an den Fluß Sirra kam
  Wurde die Flucht ihr zuviel, der Hilflose ihr zu schwer.

DIE MUSIKER
  In den Maisfeldern die rosige Frühe
  Ist dem Übernächtigen nichts als kalt. Der Milchgeschirre
  Fröhliches Klirren im Bauerngehöft, von dem Rauch
                                                  aufsteigt
  Klingt dem Flüchtling drohend. Die das Kind schleppt
  Fühlt die Bürde und wenig mehr.

Grusche steht vor einem Bauernhof.

GRUSCHE Jetzt hast du dich wieder naß gemacht, und du weißt,
  ich habe keine Windeln für dich. Michel, wir müssen uns
  trennen. Es ist weit genug von der Stadt. So werden sie nicht
  auf dich kleinen Dreck aus sein,* daß sie dich bis hierher ver-
  folgen. Die Bauersfrau ist freundlich, und schmeck, wie es
  nach Milch riecht. So leb also wohl, Michel, ich will vergessen, wie du mich in den Rücken getreten hast die Nacht
  durch, daß ich gut lauf,* und du vergißt die schmale Kost, sie
  war gut gemeint. Ich hätt dich gern weiter gehabt, weil deine
  Nase so klein ist, aber es geht nicht. Ich hätt dir den ersten
  Hasen gezeigt und − daß du dich nicht mehr naß machst,
  aber ich muß zurück, denn auch mein Liebster, der Soldat,
  mag bald zurück sein, und soll er mich da nicht finden? Das
  kannst du nicht verlangen, Michel.
  *Eine dicke Bäuerin trägt eine Milchkanne in die Tür. Grusche
  wartet, bis sie drinnen ist, dann geht sie vorsichtig auf das
  Haus zu. Sie schleicht sich zur Tür und legt das Kind vor der
  Schwelle nieder. Dann wartet sie versteckt hinter einem
  Baum, bis die Bauersfrau wieder aus der Tür tritt und das
  Bündel findet.*

DIE BÄUERIN Jesus Christus, was liegt denn da? Mann!

DER BAUER *kommt:* Was ist los? Laß mich meine Suppe essen.

DIE BÄUERIN *zum Kind:* Wo ist denn deine Mutter, hast du
  keine? Es ist ein Junge. Und das Linnen ist fein, das ist ein

feines Kind. Sie haben's einfach vor die Tür gelegt, das sind
Zeiten!

DER BAUER Wenn die glauben, wir füttern's ihnen, irren sie sich.
Du bringst es ins Dorf zum Pfarrer, das ist alles.

DIE BÄUERIN Was soll der Pfarrer damit, es braucht eine Mutter.
Da, es wacht auf. Glaubst du, wir könnten's nicht doch
aufnehmen?

DER BAUER *schreiend:* Nein!

DIE BÄUERIN Wenn ich's in die Ecke neben den Lehnstuhl bette,
ich brauch nur einen Korb, und auf das Feld nehm ich's mit.
Siehst du, wie es lacht? Mann, wir haben ein Dach überm
Kopf und können's tun, ich will nichts mehr hören.
*Sie trägt es hinein, der Bauer folgt protestierend, Grusche
kommt hinter dem Baum vor, lacht und eilt weg, in umge-
kehrter Richtung.*

DER SÄNGER Warum heiter, Heimkehrerin?

DIE MUSIKER
Weil der Hilflose sich
Neue Eltern angelacht hat, bin ich heiter. Weil ich den Lieben
Los bin, freue ich mich.

DER SÄNGER Und warum traurig?

DIE MUSIKER
Weil ich frei und ledig gehe, bin ich traurig.
Wie ein Beraubter
Wie ein Verarmter.

*Sie ist erst eine kurze Strecke gegangen, wenn sie den zwei
Panzerreitern begegnet, die ihre Spieße vorhalten.*

DER GEFREITE Jungfer, du bist auf die Heeresmacht gestoßen.
Woher kommst du? Wann kommst du? Hast du unerlaubte
Beziehungen zum Feind? Wo liegt er? Was für Bewegungen
vollführt er in deinem Rücken? Was ist mit den Hügeln, was
ist mit den Tälern, wie sind die Strümpfe befestigt?
Grusche steht erschrocken.

GRUSCHE Sie sind stark befestigt, besser ihr macht einen Rückzug.

DER GEFREITE Ich mache immer Rückzieher, da bin ich verläßlich.* Warum schaust du so auf den Spieß? »Der Soldat läßt im Feld seinen Spieß keinen Augenblick aus der Hand«, das ist Vorschrift, lern's auswendig, Holzkopf. Also, Jungfer, wohin des Wegs?

GRUSCHE Zu meinem Verlobten, Herr Soldat, einem Simon Chachava, bei der Palastwache in Nukha. Und wenn ich ihm schreib, zerbricht er euch alle Knochen.

DER GEFREITE Simon Chachava, freilich, den kenn ich. Er hat mir den Schlüssel gegeben, daß ich hin und wieder nach dir schau. Holzkopf, wir werden unbeliebt. Wir müssen damit heraus, daß wir ehrliche Absichten haben.* Jungfer, ich bin eine ernste Natur, die sich hinter scheinbaren Scherzen versteckt, und so sag ich dir's dienstlich: ich will von dir ein Kind haben.*
Grusche stößt einen leisen Schrei aus.
Holzkopf, sie hat uns verstanden. Was, das ist ein süßer Schrecken? »Da muß ich erst die Backnudeln aus dem Ofen nehmen, Herr Offizier. Da muß ich erst das zerrissene Hemd wechseln, Herr Oberst!« Spaß beiseite, Spieß beiseite. Jungfer, wir suchen ein gewisses Kind in dieser Gegend. Hast du gehört von einem solchen Kind, das hier aufgetaucht ist aus der Stadt, ein feines, in einem feinen Linnenzeug?

GRUSCHE Nein, ich hab nichts gehört.

DER SÄNGER
Lauf, Freundliche, die Töter kommen!
Hilf dem Hilflosen, Hilflose! Und so läuft sie.
Sie wendet sich plötzlich und läuft in panischem Entsetzen weg, zurück. Die Panzerreiter schauen sich an und folgen ihr fluchend.

DIE MUSIKER
In den blutigsten Zeiten
Leben freundliche Menschen.

Im Bauernhaus beugt die dicke Bäuerin sich über den Korb mit dem Kind, wenn Grusche Vachnadze hereinstürzt.

GRUSCHE Versteck es schnell. Die Panzerreiter kommen. Ich hab's vor die Tür gelegt, aber es ist nicht meins, es ist von feinen Leuten.

DIE BÄUERIN Wer kommt, was für Panzerreiter?

GRUSCHE Frag nicht lang. Die Panzerreiter, die es suchen.

DIE BÄUERIN In meinem Haus haben die nichts zu suchen. Aber mit dir hab ich ein Wörtlein zu reden, scheint's.

GRUSCHE Zieh ihm das feine Linnen aus, das verrät uns.

DIE BÄUERIN Linnen hin, Linnen her. In diesem Haus bestimm ich, und kotz mir nicht in meine Stube, warum hast du's ausgesetzt? Das ist eine Sünde.

GRUSCHE *schaut hinaus:* Gleich kommen sie hinter den Bäumen vor. Ich hätt nicht weglaufen dürfen, das hat sie gereizt. Was soll ich nur tun?

DIE BÄUERIN *späht ebenfalls hinaus und erschrickt plötzlich tief:* Jesus Maria, Panzerreiter!

GRUSCHE Sie sind hinter dem Kind her.

DIE BÄUERIN Aber wenn sie hereinkommen?

GRUSCHE Du darfst es ihnen nicht geben. Sag, es ist deins.

DIE BÄUERIN Ja.

GRUSCHE Sie spießen's auf, wenn du's ihnen gibst.

DIE BÄUERIN Aber wenn sie's verlangen? Ich hab das Silber für die Ernte im Haus.

GRUSCHE Wenn du's ihnen gibst, spießen sie's auf, hier in deiner Stube. Du mußt sagen, es ist deins.

DIE BÄUERIN Ja. Aber wenn sie's nicht glauben?

GRUSCHE Wenn du's fest sagst.

DIE BÄUERIN Sie brennen uns das Dach überm Kopf weg.

GRUSCHE Darum mußt du sagen, es ist deins. Er heißt Michel. Das hätt ich dir nicht sagen dürfen.

Die Bäuerin nickt.
Nick nicht so mit dem Kopf. Und zitter nicht, das sehn sie.

DIE BÄUERIN Ja.

GRUSCHE Hör auf mit deinem »Ja«, ich kann's nicht mehr hören. *Schüttelt sie.* Hast du selber keins?

DIE BÄUERIN *murmelnd:* Im Krieg.

GRUSCHE Dann ist er vielleicht selber ein Panzerreiter jetzt. Soll er da Kinder aufspießen? Da würdest du ihn schön zusammenstauchen.* »Hör auf mit dem Herumfuchteln mit dem Spieß in meiner Stube, hab ich dich dazu aufgezogen? Wasch dir den Hals, bevor du mit deiner Mutter redest.«

DIE BÄUERIN Das ist wahr, er dürft mir's nicht machen.

GRUSCHE Versprich mir, daß du ihnen sagst, es ist deins.

DIE BÄUERIN Ja.

GRUSCHE Sie kommen jetzt.
Klopfen an der Tür. Die Frauen antworten nicht. Herein die Panzerreiter. Die Bäuerin verneigt sich tief.

DER GEFREITE Da ist sie ja. Was hab ich dir gesagt? Meine Nase. Ich riech sie. Ich hätt eine Frage an dich, Jungfer: Warum bist du mir weggelaufen? Was hast du dir denn gedacht, daß ich mit dir will? Ich wett, es war was Unkeusches. Gestehe!

GRUSCHE *während die Bäuerin sich unaufhörlich verneigt:* Ich hab die Milch auf dem Herd stehenlassen. Daran hab ich mich erinnert.

DER GEFREITE Ich hab gedacht, es war, weil du geglaubt hast, ich hab dich unkeusch angeschaut. So als ob ich mir was denken könnt mit uns.* So ein fleischlicher Blick, verstehst du mich?

GRUSCHE Das hab ich nicht gesehen.

DER GEFREITE Aber es hätt sein können, nicht? Das mußt du zugeben. Ich könnt doch eine Sau sein. Ich bin ganz offen mit dir: Ich könnt mir allerhand denken, wenn wir allein wären. *Zur Bäuerin:* Hast du nicht im Hof zu tun? Die Hennen füttern?

42

DIE BÄUERIN *wirft sich plötzlich auf die Knie:* Herr Soldat, ich hab von nichts gewußt. Brennt mir nicht das Dach überm Kopf weg!

DER GEFREITE Von was redest du denn?

DIE BÄUERIN Ich hab nichts damit zu tun, Herr Soldat. Die hat mir's vor die Tür gelegt, das schwör ich.

DER GEFREITE *sieht das Kind, pfeift:* Ah, da ist ja was Kleines im Korb, Holzkopf, ich riech 1000 Piaster. Nimm die Alte hinaus und halt sie fest, ich hab ein Verhör abzuhalten, wie mir scheint.
Die Bäuerin läßt sich wortlos von dem Gemeinen abführen. Da hast du ja das Kind, das ich von dir hab haben wollen. *Er geht auf den Korb zu.*

GRUSCHE Herr Offizier, es ist meins. Es ist nicht, das ihr sucht.

DER GEFREITE Ich will mir's anschaun. *Er beugt sich über den Korb. Grusche blickt sich verzweifelt um.*

GRUSCHE Es ist meins, es ist meins!

DER GEFREITE Feines Linnen.
Grusche stürzt sich auf ihn, ihn wegzuziehen. Er schleudert sie weg und beugt sich wieder über den Korb. Sie blickt sich verzweifelt um, sieht ein großes Holzscheit, hebt es in Verzweiflung auf und schlägt den Gefreiten von hinten über den Kopf, so daß er zusammensinkt. Schnell das Kind aufnehmend, läuft sie hinaus.

DER SÄNGER
Und auf der Flucht vor den Panzerreitern
Nach 22-tägiger Wanderung
Am Fuß des Janga-Tau-Gletschers
Nahm Grusche Vachnadze das Kind an Kindes Statt.

DIE MUSIKER
Nahm die Hilflose den Hilflosen an Kindes Statt.

Über einem halbvereisten Bach kauert Grusche Vachnadze und schöpft dem Kind Wasser mit der hohlen Hand.

GRUSCHE
Da dich keiner nehmen will
Muß nun ich dich nehmen
Mußt dich, da kein andrer war
Schwarzer Tag im magern Jahr
Halt mit mir bequemen.*

Weil ich dich zu lang geschleppt
Und mit wunden Füßen
Weil die Milch so teuer war
Wurdest du mir lieb.
(Wollt dich nicht mehr missen.)*
Werf dein feines Hemdlein weg
Wickle dich in Lumpen
Wasche dich und taufe dich
Mit dem Gletscherwasser.
(Mußt es überstehen.)*

*Sie hat dem Kind das feine Linnen ausgezogen und es in einen
Lumpen gewickelt.*

DER SÄNGER
Als Grusche Vachnadze, verfolgt von den Panzerreitern
An den Gletschersteg kam, der zu den Dörfern am
                                      östlichen Abhang führt
Sang sie das Lied vom morschen Steg, wagte sie zwei
                                                       Leben.
*Es hat sich ein Wind erhoben. Aus der Dämmerung ragt der
Gletschersteg. Da ein Seil gebrochen ist, hängt er halb in den
Abgrund. Händler, zwei Männer und eine Frau, stehen
unschlüssig vor dem Steg, als Grusche mit dem Kind kommt.
Jedoch fischt der eine Mann mit einer Stange nach dem
hängenden Seil.*

ERSTER MANN Laß dir Zeit, junge Frau, über den Paß kommst
du doch nicht.

GRUSCHE Aber ich muß mit meinem Kleinen nach der Ostseite
zu meinem Bruder.

DIE HÄNDLERIN Muß! Was heißt muß! Ich muß hinüber, weil ich zwei Teppiche in Atum kaufen muß, die eine verkaufen muß, weil ihr Mann hat sterben müssen, meine Gute. Aber kann ich, was ich muß, kann sie? Andrej fischt schon seit zwei Stunden nach dem Seil, und wie sollen wir es festmachen, wenn er es fischt, frage ich.

ERSTER MANN *horcht:* Sei still, ich glaube, ich höre was.

GRUSCHE *laut:* Der Steg ist nicht ganz morsch. Ich glaube, ich könnt es versuchen, daß ich hinüberkomm.

DIE HÄNDLERIN Ich würd das nicht versuchen, wenn der Teufel selber hinter mir her wär. Warum, es ist Selbstmord.

ERSTER MANN *ruft laut:* Haoh!

GRUSCHE Ruf nicht! *Zur Händlerin:* Sag ihm, er soll nicht rufen.

ERSTER MANN Aber es wird unten gerufen. Vielleicht haben sie den Weg verloren unten.

DIE HÄNDLERIN Und warum soll er nicht rufen? Ist da etwas faul mit dir?* Sind sie hinter dir her?

GRUSCHE Dann muß ich's euch sagen. Hinter mir her sind die Panzerreiter. Ich hab einen niedergeschlagen.

ZWEITER MANN Schafft die Waren weg!
Die Händlerin versteckt einen Sack hinter einem Stein.

ERSTER MANN Warum hast du das nicht gleich gesagt? *Zu den andern:* Wenn sie die zu fassen kriegen, machen sie Hackfleisch aus ihr!

GRUSCHE Geht mir aus dem Weg, ich muß über den Steg.

DER ZWEITE MANN Das kannst du nicht. Der Abgrund ist 2000 Fuß tief.

ERSTER MANN Nicht einmal, wenn wir das Seil auffischen könnten, hätte es Sinn. Wir könnten es mit den Händen halten, aber die Panzerreiter könnten dann auf die gleiche Weise hinüber.

GRUSCHE Geht weg!
Rufe aus einiger Entfernung: »Nach dort oben!«

DIE HÄNDLERIN Sie sind ziemlich nah. Aber du kannst nicht das Kind auf den Steg nehmen. Er bricht beinah sicher zusammen. Und schau hinunter.

Grusche blickt in den Abgrund. Von unten kommen wieder Rufe der Panzerreiter.

ZWEITER MANN 2000 Fuß.

GRUSCHE Aber diese Menschen sind schlimmer.

ERSTER MANN Du kannst es schon wegen dem Kind nicht. Riskier dein Leben, wenn sie hinter dir her sind, aber nicht das von dem Kind.

ZWEITER MANN Es ist auch noch schwerer mit dem Kind.

DIE HÄNDLERIN Vielleicht muß sie wirklich hinüber. Gib es mir, ich versteck es, und du gehst allein auf den Steg.

GRUSCHE Das tu ich nicht. Wir gehören zusammen.
Zum Kind: Mitgegangen, mitgehangen.*
Tief ist der Abgrund, Sohn
Brüchig der Steg
Aber wir wählen, Sohn
Nicht unsern Weg.

Mußt den Weg gehen
Den ich weiß für dich
Mußt das Brot essen
Das ich hab für dich.

Müssen die paar Bissen teilen
Kriegst von vieren drei*
Aber ob sie groß sind
Weiß ich nicht dabei.

Ich probier's.

DIE HÄNDLERIN Das heißt Gott versuchen.
Rufe von unten.

GRUSCHE Ich bitt euch, werft die Stange weg, sonst fischen sie das Seil auf und kommen mir nach.

Sie betritt den schwankenden Steg. Die Händlerin schreit auf,
als der Steg zu brechen scheint. Aber Grusche geht weiter und
erreicht das andere Ufer.

ERSTER MANN Sie ist drüben.

DIE HÄNDLERIN *die auf die Knie gefallen war und gebetet hat,*
böse: Sie hat sich doch versündigt.
Die Panzerreiter tauchen auf. Der Kopf des Gefreiten ist
verbunden.

DER GEFREITE Habt ihr eine Person mit einem Kind gesehen?

ERSTER MANN *während der zweite Mann die Stange in den*
Abgrund wirft: Ja. Dort ist sie. Und der Steg trägt euch nicht.

DER GEFREITE Holzkopf, das wirst du mir büßen.
Grusche, auf dem andern Ufer, lacht und zeigt den Panzerrei-
tern das Kind. Sie geht weiter, der Steg bleibt zurück. Wind.

GRUSCHE *sich nach Michel umblickend:* Vor dem Wind mußt du
dich nie fürchten, der ist auch nur ein armer Hund. Der muß
die Wolken schieben und friert selber am meisten.
Es beginnt zu schneien.
Und der Schnee, Michel, ist nicht der schlimmste. Er muß nur
die kleinen Föhren zudecken, daß sie ihm nicht umkommen
im Winter. Und jetzt sing ich was auf dich, hör zu!
Sie singt:
Dein Vater ist ein Räuber
Deine Mutter ist eine Hur
Und vor dir wird sich verbeugen
Der ehrlichste Mann.

Der Sohn des Tigers
Wird die kleinen Pferde füttern
Das Kind der Schlange
Bringt Milch zu den Müttern.*

4

IN DEN NÖRDLICHEN
GEBIRGEN

DER SÄNGER
Die Schwester wanderte sieben Tage.
Über den Gletscher, hinunter die Hänge wanderte sie.
Wenn ich eintrete im Haus meines Bruders, dachte sie
Wird er aufstehen und mich umarmen.
»Bist du da, Schwester?« wird er sagen.
»Ich erwarte dich schon lang. Dies hier ist meine liebe Frau.
Und dies ist mein Hof, mir zugefallen durch die Heirat.
Mit den 11 Pferden und 31 Kühen. Setz dich!
Mit deinem Kind setz dich an unsern Tisch und iß.«
Das Haus des Bruders lag in einem lieblichen Tal.
Als die Schwester zum Bruder kam, war sie krank von der
Wanderung.
Der Bruder stand auf vom Tisch.

*Ein dickes Bauernpaar, das sich eben zum Essen gesetzt hat.
Lavrenti Vachnadze hat schon die Serviette um den Hals,
wenn Grusche, von einem Knecht gestützt und sehr bleich,
mit dem Kind eintritt.*

LAVRENTI VACHNADZE Wo kommst du her, Grusche?

GRUSCHE *schwach:* Ich bin über den Janga-Tau-Paß gegangen,
Lavrenti.

KNECHT Ich hab sie vor der Heuhütte gefunden. Sie hat ein
Kleines dabei.

DIE SCHWÄGERIN Geh und striegle den Falben.
Knecht ab.

LAVRENTI Das ist meine Frau, Aniko.

DIE SCHWÄGERIN Wir dachten, du bist im Dienst in Nukha.

GRUSCHE *die kaum stehen kann:* Ja, da war ich.

DIE SCHWÄGERIN War es nicht ein guter Dienst? Wir hörten, es war ein guter.

GRUSCHE Der Gouverneur ist umgebracht worden.

LAVRENTI Ja, da sollen Unruhen gewesen sein. Deine Tante hat es auch erzählt, erinnerst du dich, Aniko?

DIE SCHWÄGERIN Bei uns hier ist es ganz ruhig. Die Städter müssen immer irgendwas haben.* *Ruft, zur Tür gehend:* Sosso, Sosso, nimm den Fladen noch nicht aus dem Ofen, hörst du? Wo steckst du denn?
Rufend ab.

LAVRENTI *leise, schnell:* Hast du einen Vater für es?
Als sie den Kopf schüttelt: Ich dachte es mir. Wir müssen etwas ausfinden.* Sie ist eine Fromme.

DIE SCHWÄGERIN *zurück:* Die Dienstboten! *Zu Grusche:* Du hast ein Kind?

GRUSCHE Es ist meins. *Sie sinkt zusammen, Lavrenti richtet sie auf.*

DIE SCHWÄGERIN Maria und Josef, sie hat eine Krankheit, was tun wir?
Lavrenti will Grusche zur Ofenbank führen. Aniko winkt entsetzt ab, sie weist auf den Sack an der Wand.*

LAVRENTI *bringt Grusche zur Wand:* Setz dich. Setz dich. Es ist nur die Schwäche.

DIE SCHWÄGERIN Wenn das nicht der Scharlach ist!

LAVRENTI Da müßten Flecken da sein. Es ist Schwäche, sei ganz ruhig, Aniko. *Zu Grusche:* Sitzen ist besser, wie?

DIE SCHWÄGERIN Ist das Kind ihrs?

GRUSCHE Meins.

LAVRENTI Sie ist auf dem Weg zu ihrem Mann.

DIE SCHWÄGERIN So. Dein Fleisch wird kalt. *Lavrenti setzt sich und beginnt zu essen.* Kalt bekommt's dir nicht,* das Fett

49

darf nicht kalt sein. Du bist schwach auf dem Magen, das weißt du. *Zu Grusche:* Ist dein Mann nicht in der Stadt, wo ist er dann?

LAVRENTI Sie ist verheiratet überm Berg, sagt sie.

DIE SCHWÄGERIN So, überm Berg.

Setzt sich selber zum Essen.

GRUSCHE Ich glaub, ihr müßt mich wo hinlegen, Lavrenti.

DIE SCHWÄGERIN *verhört weiter:* Wenn's die Auszehrung ist, kriegen wir sie alle. Hat dein Mann einen Hof?

GRUSCHE Er ist Soldat.

LAVRENTI Aber vom Vater hat er einen Hof, einen kleinen.

SCHWÄGERIN Ist er nicht im Krieg? Warum nicht?

GRUSCHE *mühsam:* Ja, er ist im Krieg.

SCHWÄGERIN Warum willst du da auf den Hof?

LAVRENTI Wenn er zurückkommt vom Krieg, kommt er auf seinen Hof.

SCHWÄGERIN Aber du willst schon jetzt hin?

LAVRENTI Ja, auf ihn warten.

SCHWÄGERIN *ruft schrill:* Sosso, den Fladen!

GRUSCHE *murmelt fiebrig:* Einen Hof. Soldat. Warten. Setz dich, iß.

SCHWÄGERIN Das ist der Scharlach.

GRUSCHE *auffahrend:* Ja, er hat einen Hof.

LAVRENTI Ich glaube, es ist Schwäche, Aniko. Willst du nicht nach dem Fladen schauen, Liebe?

SCHWÄGERIN Aber wann wird er zurückkommen, wenn doch der Krieg, wie man hört, neu losgebrochen ist? *Watschelt rufend hinaus.* Sosso, wo steckst du? Sosso!

LAVRENTI *steht schnell auf, geht zu Grusche:* Gleich kriegst du ein Bett in der Kammer. Sie ist eine gute Seele, aber erst nach dem Essen.

GRUSCHE *hält ihm das Kind hin:* Nimm! *Er nimmt es, sich umblickend.*

50

LAVRENTI Aber ihr könnt nicht lang bleiben. Sie ist fromm,
weißt du.
Grusche fällt zusammen. Der Bruder fängt sie auf.

DER SÄNGER
Die Schwester war zu krank.
Der feige Bruder mußte sie beherbergen.
Der Herbst ging, der Winter kam.
Der Winter war lang
Der Winter war kurz.
Die Leute durften nichts wissen
Die Ratten durften nicht beißen
Der Frühling durfte nicht kommen.

*Grusche in der Geschirrkammer am Webstuhl. Sie und das
Kind, das am Boden hockt, sind eingehüllt in Decken.*

GRUSCHE *singt beim Weben:*
Da machte der Liebe sich auf, zu gehen
Da lief die Anverlobte bettelnd ihm nach
Bettelnd und weinend, weinend und belehrend:
Liebster mein, Liebster mein
Wenn du nun ziehst in den Krieg
Wenn du nun fichtst gegen die Feinde
Stürz dich nicht vor den Krieg
Und fahr nicht hinter dem Krieg*
Vorne ist ein rotes Feuer
Hinten ist roter Rauch.
Halt dich in des Krieges Mitten
Halt dich an den Fahnenträger.
Die ersten sterben immer
Die letzten werden auch getroffen
Die in der Mitten kommen nach Haus.

Michel, wir müssen schlau sein. Wenn wir uns klein machen
wie die Kakerlaken, vergißt die Schwägerin, daß wir im Haus
sind. Da können wir bleiben bis zur Schneeschmelze. Und
wein nicht wegen der Kälte. Arm sein und auch noch frieren,
das macht unbeliebt.
Herein Lavrenti. Er setzt sich zu seiner Schwester.

51

LAVRENTI Warum sitzt ihr so vermummt wie die Fuhrleute? Vielleicht ist es zu kalt in der Kammer?

GRUSCHE *nimmt hastig den Schal ab:* Es ist nicht kalt, Lavrenti.

LAVRENTI Wenn es zu kalt wäre, dürftest du mit dem Kind hier nicht sitzen. Da würde Aniko sich Vorwürfe machen. *Pause.* Ich hoffe, der Pope* hat dich nicht über das Kind ausgefragt?

GRUSCHE Er hat gefragt, aber ich habe nichts gesagt.

LAVRENTI Das ist gut. Ich wollte über Aniko mit dir reden. Sie ist eine gute Seele, nur sehr, sehr feinfühlig. Die Leute brauchen noch gar nicht besonders zu reden über den Hof, da ist sie schon ängstlich.* Sie empfindet so tief, weißt du. Einmal hat die Kuhmagd in der Kirche ein Loch im Strumpf gehabt, seitdem trägt meine liebe Aniko zwei Paar Strümpfe für die Kirche. Es ist unglaublich, aber es ist die alte Familie. *Er horcht.* Bist du sicher, daß hier nicht Ratten sind? Da könntet ihr nicht hier wohnen bleiben. *Man hört ein Geräusch wie von Tropfen, die vom Dach fallen.* Was tropft da?

GRUSCHE Es muß ein undichtes Faß sein.

LAVRENTI Ja, es muß ein Faß sein. – Jetzt bist du schon ein halbes Jahr hier, nicht? Sprach ich von Aniko? Ich habe ihr natürlich nicht das von dem Panzerreiter erzählt, sie hat ein schwaches Herz. Daher weiß sie nicht, daß du nicht eine Stelle suchen kannst, und daher ihre Bemerkungen gestern. *Sie horchen wieder auf das Fallen der Schneetropfen.* Kannst du dir vorstellen, daß sie sich um deinen Soldaten sorgt? »Wenn er zurückkommt und sie nicht findet?« sagt sie und liegt wach. »Vor dem Frühjahr kann er nicht kommen«, sage ich. Die Gute. *Die Tropfen fallen schneller.* Wann, glaubst du, wird er kommen, was ist deine Meinung? *Grusche schweigt.* Nicht vor dem Frühjahr, das meinst du doch auch? *Grusche schweigt.* Ich sehe, du glaubst selber nicht mehr, daß er zurückkommt. *Grusche sagt nichts.* Aber wenn es Frühjahr wird und der Schnee schmilzt hier und auf den Paßwegen, kannst du hier nicht mehr bleiben, denn dann können sie dich suchen kommen, und die Leute reden über ein lediges Kind. *Das Glockenspiel der fallenden Tropfen* ist groß und stetig *geworden.* Grusche, der Schnee schmilzt vom Dach, und es ist Frühjahr.

GRUSCHE Ja.

LAVRENTI *eifrig:* Laß mich dir sagen, was wir machen werden. Du brauchst eine Stelle, wo du hinkannst, und da du ein Kind hast − *er seufzt* −, mußt du einen Mann haben, daß nicht die Leute reden. Ich habe mich also vorsichtig erkundigt, wie wir einen Mann für dich bekommen können. Grusche, ich habe einen gefunden. Ich habe mit einer Frau gesprochen, die einen Sohn hat, gleich über dem Berg, ein kleiner Hof, sie ist einverstanden.

GRUSCHE Aber ich kann keinen Mann heiraten, ich muß auf Simon Chachava warten.

LAVRENTI Gewiß. Das ist alles bedacht. Du brauchst keinen Mann im Bett, sondern einen Mann auf dem Papier. So einen hab ich gefunden. Der Sohn der Bäuerin, mit der ich einig geworden bin, stirbt gerade. Ist das nicht herrlich? Er macht seinen letzten Schnaufer.* Und alles ist, wie wir behauptet haben: »ein Mann überm Berg«!* Und als du zu ihm kamst,* tat er den letzten Schnaufer, und du warst eine Witwe. Was sagst du?

GRUSCHE Ich könnte ein Papier mit Stempeln brauchen für Michel.

LAVRENTI Ein Stempel macht alles aus. Ohne einen Stempel könnte nicht einmal der Schah in Persien behaupten, er ist der Schah. Und du hast einen Unterschlupf.

GRUSCHE Wofür tut die Frau es?

LAVRENTI 400 Piaster.

GRUSCHE Woher hast du die?

LAVRENTI *schuldbewußt:* Anikos Milchgeld.*

GRUSCHE Dort wird uns niemand kennen. − Dann mach ich es.

LAVRENTI *steht auf:* Ich laß es gleich die Bäuerin wissen. *Schnell ab.*

GRUSCHE Michel, du machst eine Menge Umstände. Ich bin zu dir gekommen wie der Birnbaum zu den Spatzen.* Und weil

ein Christenmensch sich bückt und die Brotkruste aufhebt,
daß nichts umkommt. Michel, ich wär besser schnell wegge-
gangen an dem Ostersonntag in Nukha. Jetzt bin ich die
Dumme.

DER SÄNGER
Der Bräutigam lag auf den Tod, als die Braut ankam.
Des Bräutigams Mutter wartete vor der Tür und trieb sie zur
Eile an.
Die Braut brachte ein Kind mit, der Trauzeuge versteckte es
während der Heirat.

*Ein durch eine Zwischenwand geteilter Raum: Auf der einen
Seite steht ein Bett. Hinter dem Fliegenschleier* liegt starr ein
sehr kranker Mann. Hereingerannt auf der anderen Seite
kommt die Schwiegermutter, an der Hand zieht sie Grusche
herein. Nach ihnen Lavrenti mit dem Kind.*

SCHWIEGERMUTTER Schnell, schnell, sonst kratzt er uns ab,*
noch vor der Trauung. *Zu Lavrenti:* Aber daß sie schon ein
Kind hat, davon war nicht die Rede.

LAVRENTI Was macht das aus?* *Auf den Sterbenden:* Ihm kann
es gleich sein,* in seinem Zustand.

SCHWIEGERMUTTER Ihm! Aber ich überlebe die Schande nicht.
Wir sind ehrbare Leute. *Sie fängt an zu weinen.* Mein Jussup
hat es nicht nötig, eine zu heiraten, die schon ein Kind hat.

LAVRENTI Gut, ich leg 200 Piaster drauf. Daß der Hof an dich
geht, hast du schriftlich, aber das Recht, hier zu wohnen, hat
sie für zwei Jahre.

SCHWIEGERMUTTER *ihre Tränen trocknend:* Es sind kaum die
Begräbniskosten. Ich hoff, sie leiht mir wirklich eine Hand*
bei der Arbeit. Und wo ist jetzt der Mönch hin? Er muß mir
zum Küchenfenster hinausgekrochen sein. Jetzt kriegen wir
das ganze Dorf auf den Hals, wenn sie Wind davon
bekommen, daß es mit Jussup zu Ende geht,* ach Gott! Ich
werd ihn holen, aber das Kind darf er nicht sehn.

LAVRENTI Ich werd sorgen, daß er's nicht sieht, aber warum
eigentlich ein Mönch und nicht ein Priester?

SCHWIEGERMUTTER Der ist ebenso gut. Ich hab nur den Fehler gemacht, daß ich ihm die Hälfte von den Gebühren schon vor der Trauung ausgezahlt hab, so daß er hat in die Schenke können. Ich hoff . . .
Sie läuft weg.

LAVRENTI Sie hat am Priester gespart, die Elende. Einen billigen Mönch genommen.

GRUSCHE Schick mir den Simon Chachava herüber, wenn er noch kommt.

LAVRENTI Ja. *Auf den Kranken:* Willst du ihn dir nicht anschauen?
Grusche, die Michel an sich genommen hat, schüttelt den Kopf.
Er rührt sich überhaupt nicht. Hoffentlich sind wir nicht zu spät gekommen.
Sie horchen auf. Auf der anderen Seite treten Nachbarn ein, blicken sich um und stellen sich an den Wänden auf. Sie beginnen, leise Gebete zu murmeln. Die Schwiegermutter kommt herein mit dem Mönch.

SCHWIEGERMUTTER *nach ärgerlicher Verwunderung zum Mönch:* Da haben wir's.* *Sie verbeugt sich vor den Gästen.*
Bitte, sich einige Augenblicke zu gedulden. Die Braut meines Sohnes ist aus der Stadt eingetroffen, und es wird eine Nottrauung vollzogen werden. *Mit dem Mönch in die Bettkammer.* Ich habe gewußt, du wirst es ausstreuen. *Zu Grusche:* Die Trauung kann sofort vollzogen werden. Hier ist die Urkunde. Ich und der Bruder der Braut . . . *Lavrenti versucht sich im Hintergrund zu verstecken, nachdem er schnell Michel wieder von Grusche genommen hat. Nun winkt ihn die Schwiegermutter weg.* Ich und der Bruder der Braut sind die Trauzeugen.
Grusche hat sich vor dem Mönch verbeugt. Sie gehen zur Bettstatt. Die Schwiegermutter schlägt den Fliegenschleier zurück. Der Mönch beginnt auf Lateinisch den Trauungstext herunterzuleiern. Währenddem bedeutet die Schwiegermutter Lavrenti, der dem Kind, um es vom Weinen*

55

abzuhalten, die Zeremonie zeigen will, unausgesetzt, es wegzugeben. Einmal blickt Grusche sich nach dem Kind um, und Lavrenti winkt ihr mit dem Händchen des Kindes zu.

DER MÖNCH Bist du bereit, deinem Mann ein getreues, folgsames und gutes Eheweib zu sein und ihm anzuhängen, bis der Tod euch scheidet?

GRUSCHE *auf das Kind blickend:* Ja.

DER MÖNCH *zum Sterbenden:* Und bist du bereit, deinem Eheweib ein guter, sorgender Ehemann zu sein, bis der Tod euch scheidet?

Da der Sterbende nicht antwortet, wiederholt der Mönch seine Frage und blickt sich dann um.

SCHWIEGERMUTTER Natürlich ist er es. Hast du das »Ja« nicht gehört?

DER MÖNCH Schön, wir wollen die Ehe für geschlossen erklären; aber wie ist es mit der Letzten Ölung?

SCHWIEGERMUTTER Nichts da. Die Trauung war teuer genug. Ich muß mich jetzt um die Trauergäste kümmern. *Zu Lavrenti:* Haben wir 700 gesagt?

LAVRENTI 600. *Er zahlt.* Und ich will mich nicht zu den Gästen setzen und womöglich Bekanntschaften schließen. Also leb wohl, Grusche, und wenn meine verwitwete Schwester einmal mich besuchen kommt, dann hört sie ein »Willkommen« von meiner Frau, sonst werde ich unangenehm.

Er geht. Die Trauergäste sehen ihm gleichgültig nach, wenn er durchgeht.

DER MÖNCH Und darf man fragen, was das für ein Kind ist?

SCHWIEGERMUTTER Ist da ein Kind? Ich seh kein Kind. Und du siehst auch keins. Verstanden? Sonst hab ich vielleicht auch allerhand gesehen, was hinter der Schenke vor sich ging. Komm jetzt.

Sie gehen in die Stube, nachdem Grusche das Kind auf den Boden gesetzt und zur Ruhe verwiesen hat. Sie wird den Nachbarn vorgestellt.

Das ist meine Schwiegertochter. Sie hat den teuren Jussup eben noch lebend angetroffen.

EINE DER FRAUEN Er liegt jetzt schon ein Jahr, nicht? Wie sie meinen Wassili eingezogen haben, war er noch beim Abschied dabei.

ANDERE FRAU So was ist schrecklich für einen Hof, der Mais am Halm und der Bauer im Bett. Es ist eine Erlösung für ihn, wenn er nicht mehr lange leidet. Sag ich.

ERSTE FRAU *vertraulich:* Und am Anfang dachten wir schon, es ist wegen dem Heeresdienst, daß er sich hingelegt hat, Sie verstehen. Und jetzt geht es mit ihm zu Ende!

SCHWIEGERMUTTER Bitte, setzt euch und eßt ein paar Kuchen. *Die Schwiegermutter winkt Grusche, und die beiden Frauen gehen in die Schlafkammer, wo sie Bleche mit Kuchen vom Boden aufheben. Die Gäste, darunter der Mönch, setzen sich auf den Boden und beginnen eine gedämpfte Unterhaltung.*

EIN BAUER *dem der Mönch die Flasche gereicht hat, die er aus der Sutane zog:* Ein Kleines ist da, sagen Sie? Wo kann das dem Jussup passiert sein?*

DRITTE FRAU Jedenfalls hat sie das Glück gehabt, daß sie noch unter die Haube gekommen ist, wenn er so schlecht dran ist.*

SCHWIEGERMUTTER Jetzt schwatzen sie schon, und dabei fressen sie die Sterbekuchen auf, und wenn er nicht heut stirbt, kann ich morgen neue backen.

GRUSCHE Ich back sie.

SCHWIEGERMUTTER Wie gestern abend die Reiter vorbeigekommen sind und ich hinaus, wer es ist,* und komm wieder herein, liegt er da wie ein Toter. Darum hab ich nach euch geschickt. Es kann nicht mehr lang gehen. *Sie horcht.*

DER MÖNCH Liebe Hochzeits- und Trauergäste! In Rührung stehen wir an einem Toten- und einem Brautbett, denn die Frau kommt unter die Haube und der Mann unter den Boden. Der Bräutigam ist schon gewaschen, und die Braut ist schon scharf.* Denn im Brautbett liegt ein letzter Wille, und der macht sinnlich. Wie verschieden, ihr Lieben, sind doch die Geschicke der Menschen, ach! Der eine stirbt dahin, daß er ein Dach über den Kopf bekommt, und der andere ver ehelicht sich, damit das Fleisch zu Staub werde, aus dem er gemacht ist, Amen.*

SCHWIEGERMUTTER *hat gehorcht:* Er rächt sich. Ich hätte keinen so billigen nehmen sollen, er ist auch danach.* Ein teurer benimmt sich. In Sura ist einer, der steht sogar im Geruch der Heiligkeit,* aber der nimmt natürlich auch ein Vermögen.* So ein 50-Piaster-Priester hat keine Würde, und Frömmigkeit hat er eben für 50 Piaster und nicht mehr. Wie ich ihn in der Schenke geholt hab, hat er grad eine Rede gehalten und geschrien: »Der Krieg ist aus, fürchtet den Frieden!« Wir müssen hinein.

GRUSCHE *gibt Michel einen Kuchen:* Iß den Kuchen und bleib hübsch still, Michel. Wir sind jetzt respektable Leute.

Sie tragen die Kuchenbleche zu den Gästen hinaus. Der Sterbende hat sich hinter dem Fliegenschleier aufgerichtet und steckt jetzt seinen Kopf heraus, den beiden nachblickend. Dann sinkt er wieder zurück. Der Mönch hat zwei Flaschen aus der Sutane gezogen und sie dem Bauer gereicht, der neben ihm sitzt. Drei Musiker sind eingetreten, denen der Mönch grinsend zugewinkt hat.

SCHWIEGERMUTTER *zu den Musikern:* Was wollt ihr mit diesen Instrumenten hier?

MUSIKER Bruder Anastasius hier − *auf den Mönch* − hat uns gesagt, hier gibt's eine Hochzeit.

SCHWIEGERMUTTER Was, du bringst mir noch drei auf den Hals?* Wißt ihr, daß da ein Sterbender drinnen liegt?

DER MÖNCH Es ist eine verlockende Aufgabe für einen Künstler. Es könnte ein gedämpfter Freudenmarsch sein oder ein schmissiger Trauertanz.

SCHWIEGERMUTTER Spielt wenigstens, vom Essen seid ihr ja doch nicht abzuhalten.

Die Musiker spielen eine gemischte Musik. Die Frauen reichen Kuchen.

DER MÖNCH Die Trompete klingt wie Kleinkindergeplärr, und was trommelst du in alle Welt hinaus, Trommelchen?*

DER BAUER NEBEN DEM MÖNCH Wie wär's, wenn die Braut das Tanzbein schwänge?

DER MÖNCH Das Tanzbein oder das Tanzgebein?*

DER BAUER NEBEN DEM MÖNCH *singt:*
Fräulein Rundarsch nahm 'nen alten Mann.
Sie sprach, es kommt auf die Heirat an.*
Und war es ihr zum Scherzen
Dann dreht sie sich's aus dem Ehkontrakt*
Geeigneter sind Kerzen.*
Die Schwiegermutter wirft den Betrunkenen hinaus. Die Musik bricht ab. Die Gäste sind verlegen. Pause.

DIE GÄSTE *laut:* Habt ihr das gehört: der Großfürst ist zurückgekehrt? – Aber die Fürsten sind doch gegen ihn. – Oh, der Perserschah, heißt es, hat ihm ein großes Heer geliehen, damit er Ordnung schaffen kann in Grusinien. – Wie soll das möglich sein? Der Perserschah ist doch der Feind des Großfürsten!* – Aber auch ein Feind der Unordnung. – Jedenfalls ist der Krieg aus. Unsere Soldaten kommen schon zurück.
Grusche läßt das Kuchenblech fallen.

EINE FRAU *zu Grusche:* Ist dir übel? Das kommt von der Aufregung über den lieben Jussup. Setz dich und ruh aus, Liebe.
Grusche steht schwankend.

DIE GÄSTE Jetzt wird alles wieder, wie es früher gewesen ist. – Nur, daß die Steuern jetzt hinaufgehen, weil wir den Krieg zahlen müssen.

GRUSCHE *schwach:* Hat jemand gesagt, die Soldaten sind zurück?

EIN MANN Ich.

GRUSCHE Das kann nicht sein.

DER MANN *zu einer Frau:* Zeig den Schal! Wir haben ihn von einem Soldaten gekauft. Er ist aus Persien.

GRUSCHE *betrachtet den Schal:* Sie sind da. *Eine lange Pause entsteht. Grusche kniet nieder, wie um die Kuchen aufzusam-*

*meln. Dabei nimmt sie das silberne Kreuz an der Kette aus
ihrer Bluse, küßt es und fängt an zu beten.*

SCHWIEGERMUTTER *da die Gäste schweigend nach Grusche
blicken:* Was ist mit dir? Willst du dich nicht um unsere Gäste
kümmern? Was gehen uns die Dummheiten in der Stadt an?

DIE GÄSTE *da Grusche, die Stirn am Boden, verharrt, das Ges-
präch laut wieder aufnehmend:* Persische Sättel kann man
von den Soldaten kaufen, manche tauschen sie gegen Krücken
ein. – Von den Oberen können nur die auf einer Seite einen
Krieg gewinnen, aber die Soldaten verlieren ihn auf beiden
Seiten. – Mindestens ist der Krieg jetzt aus. Das ist schon
etwas, wenn sie euch nicht mehr zum Heeresdienst einziehen
können. *Der Bauer in der Bettstatt hat sich erhoben. Er
lauscht.* – Was wir brauchten, ist noch zwei Wochen gutes
Wetter. – Unsere Birnbäume tragen dieses Jahr fast nichts.

SCHWIEGERMUTTER *bietet Kuchen an:* Nehmt noch ein wenig
Kuchen. Laßt es euch schmecken. Es ist mehr da.
*Die Schwiegermutter geht mit dem leeren Blech in die Kam-
mer. Sie sieht den Kranken nicht und beugt sich nach einem
vollen Kuchenblech am Boden, als er heiser zu sprechen
beginnt.*

JUSSUP Wieviel Kuchen wirst du ihnen noch in den Rachen stopfen? Hab ich einen Geldscheißer? *Die Schwiegermutter fährt
herum und starrt ihn entgeistert an. Er klettert hinter dem
Fliegenschleier hervor.* Haben sie gesagt, der Krieg ist aus?

DIE ERSTE FRAU *im anderen Raum freundlich zu Grusche:* Hat
die junge Frau jemand im Feld?

DER MANN Da ist es eine gute Nachricht, daß sie zurückkommen,
wie?

JUSSUP Glotz nicht. Wo ist die Person, die du mir als Frau aufgehängt hast?
*Da er keine Antwort erhält, steigt er aus der Bettstatt und
geht schwankend, im Hemd, an der Schwiegermutter vorbei
in den andern Raum. Sie folgt ihm zitternd mit dem
Kuchenblech.*

DIE GÄSTE *erblicken ihn. Sie schreien auf:* Jesus, Maria und
Josef! Jussup!
*Alles steht alarmiert auf, die Frauen drängen zur Tür.
Grusche, noch auf den Knien, dreht den Kopf herum und
starrt auf den Bauern.*

JUSSUP Totenessen, das könnte euch passen.* Hinaus, bevor ich
euch hinausprügle.
Die Gäste verlassen in Hast das Haus.
Jussup düster zu Grusche: Das ist ein Strich durch deine
Rechnung, wie?*
*Da sie nichts sagt, dreht er sich um und nimmt einen Mais-
kuchen vom Blech, das die Schwiegermutter hält.*

DER SÄNGER
O Verwirrung! Die Ehefrau erfährt, daß sie einen Mann hat!
Am Tag gibt es das Kind. In der Nacht gibt es den Mann.
Der Geliebte ist unterwegs Tag und Nacht.
Die Eheleute betrachten einander. Die Kammer ist eng.

*Der Bauer sitzt nackt in einem hohen hölzernen Badezuber,
und die Schwiegermutter gießt aus einer Kanne Wasser nach.
In der Kammer nebenan kauert Grusche bei Michel, der mit
Strohmatten flicken spielt.*

JUSSUP Das ist ihre Arbeit, nicht die deine. Wo steckt sie wieder?

SCHWIEGERMUTTER *ruft:* Grusche! Der Bauer fragt nach dir.

GRUSCHE *zu Michel:* Da sind noch zwei Löcher, die mußt du
noch flicken.

JUSSUP *als Grusche hereintritt:* Schrubb mir den Rücken!

GRUSCHE Kann das der Bauer nicht selbst machen?

JUSSUP »Kann das der Bauer nicht selbst machen?« Nimm die
Bürste, zum Teufel! Bist du die Ehefrau oder bist du eine
Fremde? *Zur Schwiegermutter:* Zu kalt!

SCHWIEGERMUTTER Ich lauf und hol heißes Wasser.

GRUSCHE Laß mich laufen.

JUSSUP Du bleibst! *Schwiegermutter läuft.* Reib kräftiger! Und stell dich nicht so, du hast schon öfter einen nackten Kerl gesehen. Dein Kind ist nicht aus der Luft gemacht.

GRUSCHE Das Kind ist nicht in Freude empfangen, wenn der Bauer das meint.

JUSSUP *sieht sich grinsend nach ihr um:* Du schaust nicht so aus. *Grusche hört auf, ihn zu schrubben, und weicht zurück. Schwiegermutter herein.* Etwas Rares hast du mir da aufgehängt, einen Stockfisch als Ehefrau.

SCHWIEGERMUTTER Ihr fehlt's am guten Willen.

JUSSUP Gieß, aber vorsichtig. Au! Ich hab gesagt, vorsichtig. *Zu Grusche:* Ich würd mich wundern, wenn mit dir nicht was los wäre in der Stadt,* warum bist du sonst hier? Aber davon rede ich nicht. Ich habe auch nichts gegen das Uneheliche gesagt, das du mir ins Haus gebracht hast, aber mit dir ist meine Geduld bald zu Ende. Das ist gegen die Natur. *Zur Schwiegermutter:* Mehr! *Zu Grusche:* Auch wenn dein Soldat zurückkäme, du bist verehelicht.

GRUSCHE Ja.

JUSSUP Aber dein Soldat kommt nicht mehr, du brauchst das nicht zu glauben.

GRUSCHE Nein.

JUSSUP Du bescheißt mich. Du bist meine Ehefrau und bist nicht meine Ehefrau. Wo du liegst, liegt nichts, und doch kann sich keine andere hinlegen. Wenn ich früh aufs Feld gehe, bin ich todmüd; wenn ich mich abends niederleg, bin ich wach wie der Teufel. Gott hat dir ein Geschlecht gemacht, und was machst du? Mein Acker trägt nicht genug, daß ich mir eine Frau in der Stadt kaufen kann, und da wäre auch noch der Weg.* Die Frau jätet das Feld und macht die Beine auf, so heißt es im Kalender bei uns.* Hörst du mich?

GRUSCHE Ja. *Leise:* Es ist mir nicht recht, daß ich dich bescheiße.

JUSSUP Es ist ihr nicht recht! Gieße nach! *Schwiegermutter gießt nach.* Au!

DER SÄNGER
Wenn sie am Bach saß, das Linnen zu waschen
Sah sie sein Bild auf der Flut und sein Gesicht wurde blässer
Mit gehenden Monden.*
Wenn sie sich hochhob, das Linnen zu wringen
Hörte sie seine Stimme vom sausenden Ahorn, und seine
Stimme ward leiser
Mit gehenden Monden.
Ausflüchte und Seufzer wurden zahlreicher, Tränen und
Schweiß wurden vergossen.
Mit gehenden Monden wuchs das Kind auf.

An einem kleinen Bach hockt Grusche und taucht Linnen in das Wasser. In einiger Entfernung stehen ein paar Kinder. Grusche spricht mit Michel.

GRUSCHE Du kannst spielen mit ihnen, Michel, aber laß dich nicht herumkommandieren, weil du der Kleinste bist.
Michel nickt und geht zu den andern Kindern. Ein Spiel entwickelt sich.

DER GRÖSSTE JUNGE Heute ist das Kopfab-Spiel.* *Zu einem Dicken:* Du bist der Fürst und lachst. *Zu Michel:* Du bist der Gouverneur. *Zu einem Mädchen:* Du bist die Frau des Gouverneurs, du weinst, wenn der Kopf abgehauen wird. Und ich schlag den Kopf ab. *Er zeigt sein Holzschwert.* Mit dem. Zuerst wird der Gouverneur in den Hof geführt. Voraus geht der Fürst, am Schluß kommt die Gouverneurin.
Der Zug formiert sich, der Dicke geht voraus und lacht. Dann kommen Michel und der größte Junge und dann das Mädchen, das weint.

MICHEL *bleibt stehen:* Auch Kopf abhaun.

DER GRÖSSTE JUNGE Das tu ich. Du bist der Kleinste. Gouverneur ist das Leichteste. Hinknien und sich den Kopf abhauen lassen, das ist einfach.

MICHEL Auch Schwert haben.

DER GRÖSSTE JUNGE Das ist meins. *Gibt ihm einen Tritt.*

DAS MÄDCHEN *ruft zu Grusche hinüber:* Er will nicht mittun.

GRUSCHE *lacht:* Das Entenjunge ist ein Schwimmer,* heißt es.

DER GRÖSSTE JUNGE Du kannst den Fürsten machen, wenn du lachen kannst.

Michel schüttelt den Kopf.

DER DICKE JUNGE Ich lache am besten. Laß ihn den Kopf einmal abschlagen, dann schlägst du ihn ab und dann ich.

Der größte Junge gibt Michel widerstrebend das Holzschwert und kniet nieder. Der Dicke hat sich gesetzt, schlägt sich die Schenkel und lacht aus vollem Hals. Das Mädchen weint sehr laut. Michel schwingt das große Schwert und schlägt den Kopf ab, dabei fällt er um.

DER GRÖSSTE JUNGE Au! Ich werd dir zeigen, richtig zuzuhauen! *Michel läuft weg, die Kinder ihm nach. Grusche lacht, ihnen nachblickend. Wenn sie sich zurückwendet, steht der Soldat Simon Chachava jenseits des Baches. Er trägt eine abgerissene Uniform.*

GRUSCHE Simon!

SIMON Ist das Grusche Vachnadze?

GRUSCHE Simon!

SIMON *förmlich:* Gott zum Gruß und Gesundheit dem Fräulein.

GRUSCHE *steht fröhlich auf und verbeugt sich tief:* Gott zum Gruß dem Herrn Soldaten. Und gottlob, daß er gesund zurück ist.

SIMON Sie haben bessere Fische gefunden als mich, so haben sie mich nicht gegessen, sagte der Schellfisch.

GRUSCHE Tapferkeit, sagte der Küchenjunge; Glück, sagte der Held.*

SIMON Und wie steht es hier? War der Winter erträglich, der Nachbar rücksichtsvoll?

GRUSCHE Der Winter war ein wenig rauh, der Nachbar wie immer, Simon.

SIMON Darf man fragen: hat eine gewisse Person noch die Gewohnheit, das Bein ins Wasser zu stecken beim Wäschewaschen?

GRUSCHE Die Antwort ist »nein«, wegen der Augen im Gesträuch.

SIMON Das Fräulein spricht von Soldaten. Hier steht ein Zahlmeister.

GRUSCHE Sind das nicht 20 Piaster?

SIMON Und Logis.*

GRUSCHE *bekommt Tränen in die Augen:* Hinter der Kaserne, unter den Dattelbäumen.

SIMON Genau dort. Ich sehe, man hat sich umgeschaut.

GRUSCHE Man hat.

SIMON Und man hat nicht vergessen. *Grusche schüttelt den Kopf.* So ist die Tür noch in den Angeln,* wie man sagt? *Grusche sieht ihn schweigend an und schüttelt dann wieder den Kopf.* Was ist das? Ist etwas nicht in Ordnung?

GRUSCHE Simon Chachava, ich kann nie mehr zurück nach Nukha. Es ist etwas passiert.

SIMON Was ist passiert?

GRUSCHE Es ist so gekommen, daß ich einen Panzerreiter niedergeschlagen habe.

SIMON Da wird Grusche Vachnadze ihren guten Grund gehabt haben.

GRUSCHE Simon Chachava, ich heiße auch nicht mehr, wie ich geheißen habe.

SIMON *nach einer Pause:* Das verstehe ich nicht.

GRUSCHE Wann wechseln Frauen ihren Namen, Simon? Laß es mich dir erklären. Es ist nichts zwischen uns, alles ist gleichgeblieben zwischen uns, das mußt du mir glauben.

SIMON Wie soll nichts sein zwischen uns, und doch ist es anders?

GRUSCHE Wie soll ich dir das erklären, so schnell und mit dem Bach dazwischen, kannst du nicht über den Steg kommen?

SIMON Vielleicht ist es nicht mehr nötig.

GRUSCHE Es ist sehr nötig. Komm herüber, Simon, schnell!

SIMON Will das Fräulein sagen, man ist zu spät gekommen? *Grusche sieht ihn verzweifelt an, das Gesicht tränenüber-*

strömt. Simon starrt vor sich hin. Er hat ein Holzstück auf-
genommen und schnitzt daran.

DER SÄNGER
 Soviel Worte werden gesagt, soviel Worte werden
                                    verschwiegen.
 Der Soldat ist gekommen. Woher er gekommen ist, sagt
                                    er nicht.
 Hört, was er dachte, nicht sagte:
 Die Schlacht fing an im Morgengraun, wurde blutig
                                    am Mittag.
 Der Erste fiel vor mir, der Zweite fiel hinter mir, der
                                    Dritte neben mir.
 Auf den Ersten trat ich, den Zweiten ließ ich, den Dritten
                                    durchbohrte der Hauptmann.
 Mein einer Bruder starb an einem Eisen, mein andrer
                                    Bruder starb an einem Rauch.*
 Feuer schlugen sie auf meinem Nacken,* meine Hände
 gefroren in den Handschuhen, meine Zehen in den
                                    Strümpfen.
 Gegessen hab ich Espenknospen, getrunken hab ich
                                    Ahornbrühe, geschlafen hab ich auf Steinen, im Wasser.

SIMON Im Gras sehe ich eine Mütze. Ist vielleicht schon was
 Kleines da?

GRUSCHE Es ist da, Simon, wie könnt ich es verbergen, aber
 wolle dich nicht kümmern, meines ist es nicht.

SIMON Man sagt: wenn der Wind einmal weht, weht er durch
 jede Ritze.* Die Frau muß nichts mehr sagen.
 Grusche senkt den Kopf und sagt nichts mehr.

DER SÄNGER
 Sehnsucht hat es gegeben, gewartet worden ist nicht.*
 Der Eid ist gebrochen. Warum, wird nicht mitgeteilt.
 Hört, was sie dachte, nicht sagte:
 Als du kämpftest in der Schlacht, Soldat
 Der blutigen Schlacht, der bitteren Schlacht

Traf ein Kind ich, das hilflos war
Hatt' es abzutun nicht das Herz.*
Kümmern mußte ich mich um das, was verkommen wär
Bücken mußte ich mich nach den Brotkrumen am Boden
Zerreißen mußte ich mich für das, was nicht mein war
Das Fremde.
Einer muß der Helfer sein
Denn sein Wasser braucht der kleine Baum.
Es verläuft das Kälbchen sich, wenn der Hirte schläft
Und der Schrei bleibt ungehört.

SIMON Gib mir das Kreuz zurück, das ich dir gegeben habe. Oder besser, wirf es in den Bach. *Er wendet sich zum Gehen.*

GRUSCHE Simon Chachava, geh nicht weg, es ist nicht meins, es ist nicht meins! *Sie hört die Kinder rufen.* Was ist, Kinder?

STIMMEN Hier sind Soldaten! – Sie nehmen den Michel mit! *Grusche steht entgeistert. Auf sie zu kommen zwei Panzer-reiter,* Michel führend.

PANZERREITER Bist du die Grusche? *Sie nickt.* Ist das dein Kind?

GRUSCHE Ja. *Simon geht weg.* Simon!

PANZERREITER Wir haben den richterlichen Befehl, dieses Kind, angetroffen in deiner Obhut, in die Stadt zu bringen, da der Verdacht besteht, es ist Michel Abaschwili, der Sohn des Gouverneurs Georgi Abaschwili und seiner Frau Natella Abaschwili. Hier ist das Papier mit den Siegeln. *Sie führen das Kind weg.*

GRUSCHE *läuft nach, rufend:* Laßt es da, bitte, es ist meins!

DER SÄNGER
Die Panzerreiter nehmen das Kind fort, das teure. Die Unglückliche folgte ihnen in die Stadt, die gefährliche.
Die leibliche Mutter verlangte das Kind zurück. Die
                    Ziehmutter stand vor Gericht.
Wer wird den Fall entscheiden, wem wird das Kind
                          zuerteilt?
Wer wird der Richter sein, ein guter, ein schlechter?
Die Stadt brannte. Auf dem Richterstuhl saß der Azdak.

5

DIE GESCHICHTE DES
RICHTERS

DER SÄNGER
Hört nun die Geschichte des Richters:
Wie er Richter wurde, wie er Urteil sprach, was er für
ein Richter ist.
An jenem Ostersonntag des großen Aufstands, als der
Großfürst gestürzt wurde
Und sein Gouverneur Abaschwili, Vater unsres Kindes, den
Kopf einbüßte
Fand der Dorfschreiber Azdak im Gehölz einen
Flüchtling und versteckte ihn in seiner Hütte.

*Azdak, zerlumpt und angetrunken, hilft einem als Bettler
verkleideten Flüchtling in seine Hütte.*

AZDAK Schnaub nicht, du bist kein Gaul. Und es hilft dir nicht
bei der Polizei, wenn du läufst wie ein Rotz im April. Steh,
sag ich. *Er fängt den Flüchtling wieder ein, der weitergetrottet
ist, als wolle er durch die Hüttenwand durchtrotten.** Setz
dich nieder und futtre, da ist ein Stück Käse. *Er kramt aus
einer Kiste unter Lumpen einen Käse heraus, und der Flüchtling beginnt gierig zu essen.* Lang nichts gefressen? *Der
Flüchtling brummt.* Warum bist du so gerannt, du Arschloch?
Der Polizist hätte dich überhaupt nicht gesehen.

DER FLÜCHTLING Mußte.

AZDAK Bammel? *Der Alte stiert ihn verständnislos an.* Schiß?
Furcht? Hm. Schmatz nicht wie ein Großfürst oder eine Sau!
Ich vertrag's nicht. Nur einen hochwohlgeborenen Stinker

68

muß man aushalten, wie Gott ihn geschaffen hat. Dich nicht.*
Ich hab von einem Oberrichter gehört, der beim Speisen im
Bazar* gefurzt hat vor lauter Unabhängigkeit. Wenn ich dir
beim Essen zuschau, *kommen mir überhaupt fürchterliche
Gedanken. Warum redest du keinen Ton? *Scharf:* Zeig
einmal deine Hand her! Hörst du nicht? Du sollst deine Hand
herzeigen. *Der Flüchtling streckt ihm zögernd die Hand hin.*
Weiß. Du bist also gar kein Bettler! Eine Fälschung, ein
wandelnder Betrug! Und ich verstecke dich wie einen
anständigen Menschen. Warum läufst du eigentlich, wenn du
ein Grundbesitzer bist, denn das bist du, leugne es nicht, ich
seh dir's am schuldbewußten Gesicht ab! *Steht auf.* Hinaus!
Der Flüchtling sieht ihn unsicher an. Worauf wartest du,
Bauernprügler?

DER FLÜCHTLING Bin verfolgt.* Bitte um ungeteilte Aufmerk-
samkeit, mache Proposition.

AZDAK Was willst du machen, eine Proposition? Das ist die Höhe
der Unverschämtheit! Er macht eine Proposition! Der Gebissene kratzt sich die Finger blutig, und der Blutegel macht eine
Proposition.* Hinaus, sage ich!

DER FLÜCHTLING Verstehe Standpunkt, Überzeugung.* Zahle
100 000 Piaster für eine Nacht, ja?

AZDAK Was, du meinst, du kannst mich kaufen? Für 100 000
Piaster? Ein schäbiges Landgut. Sagen wir 150 000. Wo sind
sie?

DER FLÜCHTLING Habe sie natürlich nicht bei mir. Werden geschickt, hoffe, zweifelt nicht.

AZDAK Zweifle tief. Hinaus!
*Der Flüchtling steht auf und trottet zur Tür. Eine Stimme von
außen.*

STIMME Azdak!
*Der Flüchtling macht kehrt, trottet in die entgegengesetzte
Ecke, bleibt stehen.*

AZDAK *ruft:* Ich bin nicht zu sprechen. *Tritt in die Tür.* Schnüf-
felst du wieder herum, Schauwa?

POLIZIST SCHAUWA *draußen, vorwurfsvoll:* Du hast wieder einen Hasen gefangen, Azdak. Du hast mir versprochen, es kommt nicht mehr vor.

AZDAK *streng:* Rede nicht von Dingen, die du nicht verstehst, Schauwa. Der Hase ist ein gefährliches und schädliches Tier, das die Pflanzen auffrißt, besonders das sogenannte Unkraut, und deshalb ausgerottet werden muß.

SCHAUWA Azdak, sei nicht so furchtbar zu mir. Ich verliere meine Stellung, wenn ich nicht gegen dich einschreite. Ich weiß doch, du hast ein gutes Herz.

AZDAK Ich habe kein gutes Herz. Wie oft soll ich dir sagen, daß ich ein geistiger Mensch bin?

SCHAUWA *listig:* Ich weiß, Azdak. Du bist ein überlegener Mensch, das sagst du selbst; so frage ich dich, ein Christ und ein Ungelernter: Wenn dem Fürsten ein Hase gestohlen wird, und ich bin Polizist, was soll ich da tun mit dem Frevler?

AZDAK Schauwa, Schauwa, schäm dich! Da stehst du und fragst mich eine Frage, und es gibt nichts, was verführerischer sein kann als eine Frage. Als wenn du ein Weib wärst, etwa die Nunowna, das schlechte Geschöpf, und mir deinen Schenkel zeigst als Nunowna und mich fragst, was soll ich mit meinem Schenkel tun, er beißt mich, ist sie da unschuldig, wie sie tut? Nein. Ich fange einen Hasen, aber du fängst einen Menschen. Ein Mensch ist nach Gottes Ebenbild gemacht, aber nicht ein Hase, das weißt du. Ich bin ein Hasenfresser, aber du bist ein Menschenfresser, Schauwa, und Gott wird darüber richten. Schauwa, geh nach Haus und bereue. Nein, halt, da ist vielleicht was für dich. *Er blickt nach dem Flüchtling, der zitternd dasteht.* Nein, doch nicht, da ist nix. Geh nach Haus und bereue. *Er schlägt ihm die Tür vor der Nase zu. Zu dem Flüchtling:* Jetzt wunderst du dich, wie? Daß ich dich nicht ausgeliefert habe. Aber ich könnte diesem Vieh von einem Polizisten nicht einmal eine Wanze ausliefern, es widerstrebt mir. Zitter nicht vor einem Polizisten. So alt und noch so feige. Iß deinen Käse fertig, aber wie ein armer Mann, sonst fassen sie dich doch noch. Muß ich dir auch noch zeigen, wie ein armer Mann sich aufführt? *Er drückt ihn ins Sitzen nieder und gibt ihm das Käsestück wieder in die Hand.* Die Kiste ist der Tisch. Leg die Ellenbogen auf'n Tisch, und jetzt umzingelst du den Käse auf'm Teller, als ob der dir jeden Augenblick herausgerissen werden könnte, woher sollst du sicher sein? Nimm das Messer wie eine zu kleine Sichel und schau nicht so gierig, mehr kummervoll auf den Käse, weil er schon entschwindet, wie alles Schöne. *Schaut ihm zu.* Sie sind hinter dir her, das spricht für dich, nur wie kann ich wissen, daß sie sich nicht irren in dir?* In Tiflis haben sie einmal einen Gutsbesitzer gehängt, einen Türken. Er hat ihnen nachweisen können, daß er seine Bauern geviertelt hat und nicht nur halbiert, wie es üblich ist, und Steuern hat er herausgepreßt, doppelt wie die andern, sein Eifer war über jeden Verdacht, und doch haben sie ihn gehängt, wie einen Verbrecher, nur weil er ein Türk war, für was er nix gekonnt hat,* eine Ungerechtigkeit. Er ist an den Galgen gekommen wie der Pontius ins Credo.* Mit einem Wort: ich trau dir nicht.

DER SÄNGER
So gab der Azdak dem alten Bettler ein Nachtlager.
Erfuhr er, daß es der Großfürst selber war, der Würger
Schämte er sich, klagte er sich an, befahl er dem Polizisten
Ihn nach Nukha zu führen, vor Gericht, zum Urteil.

Im Hof des Gerichts hocken drei Panzerreiter und trinken. Von einer Säule hängt ein Mann in Richterrobe. Herein Azdak, gefesselt und Schauwa hinter sich schleppend.*

AZDAK *ruft aus:* Ich hab dem Großfürsten zur Flucht verholfen, dem Großdieb, dem Großwürger! Ich verlange meine strenge Aburteilung in öffentlicher Verhandlung, im Namen der Gerechtigkeit!

DER ERSTE PANZERREITER Was ist das für ein komischer Vogel?

SCHAUWA Das ist unser Schreiber Azdak.

AZDAK Ich bin der Verächtliche, der Verräterische, der Gezeichnete! Reportier, Plattfuß, ich hab verlangt, daß ich in Ketten in die Hauptstadt gebracht werd, weil ich versehentlich den Großfürsten, beziehungsweise Großgauner, beherbergt habe, wie mir erst nachträglich durch dieses Dokument* klargeworden ist, das ich in meiner Hütte gefunden habe. *Die Panzerreiter studieren das Dokument. Zu Schauwa:* Sie können nicht lesen. Siehe, der Gezeichnete* klagt sich selber an! Reportier, wie ich dich gezwungen hab, daß du mit mir die halbe Nacht hierherläufst, damit alles aufgeklärt wird.

SCHAUWA Alles unter Drohungen, das ist nicht schön von dir, Azdak.

AZDAK Halt das Maul, Schauwa, das verstehst du nicht. Eine neue Zeit ist gekommen, die über dich hinwegdonnern wird, du bist erledigt, Polizisten werden ausgemerzt, pfft. Alles wird untersucht, aufgedeckt. Da meldet sich einer lieber von selber, warum, er kann dem Volk nicht entrinnen. Reportier, wie ich durch die Schuhmachergasse geschrien hab. *Er macht es wieder mit großer Geste vor, auf die Panzerreiter schielend.* »Ich hab den Großgauner entrinnen lassen aus Unwissenheit, zerreißt mich, Brüder!« Damit ich allem gleich zuvorkomm.*

DER ERSTE PANZERREITER Und was haben sie dir geantwortet?

SCHAUWA Sie haben ihn getröstet in der Schlächtergasse und sich krank gelacht über ihn in der Schuhmachergasse, das war alles.

AZDAK Aber bei euch ist's anders, ich weiß, ihr seid eisern. Brüder, wo ist der Richter, ich muß untersucht werden.

DER ERSTE PANZERREITER *zeigt auf den Gehenkten:* Hier ist der Richter. Und hör auf, uns zu brüdern, auf dem Ohr sind wir empfindlich heut abend.

AZDAK »Hier ist der Richter«! Das ist eine Antwort, die man in Grusinien noch nie gehört hat. Städter, wo ist seine Exzellenz, der Herr Gouverneur? *Er zeigt auf den Galgen:* Hier ist seine Exzellenz, Fremdling. Wo ist der Obersteuereintreiber? Der Profoß Werber?* Der Patriarch?* Der Polizeihauptmann? Hier, hier, hier, alle hier. Brüder, das ist es, was ich mir von euch erwartet habe.

DER ZWEITE PANZERREITER Halt! Was hast du dir da erwartet, Vogel?

AZDAK Was in Persien passierte, Brüder, was in Persien passierte.

DER ZWEITE PANZERREITER Und was passierte denn in Persien?

AZDAK Vor 40 Jahren. Aufgehängt, alle. Wesire,* Steuereintreiber. Mein Großvater, ein merkwürdiger Mensch, hat es gesehen. Drei Tage lang, überall.

DER ZWEITE PANZERREITER Und wer regierte, wenn der Wesir gehängt war?

AZDAK Ein Bauer.

DER ZWEITE PANZERREITER Und wer kommandierte das Heer?

AZDAK Ein Soldat, Soldat.

DER ZWEITE PANZERREITER Und wer zahlte die Löhnung aus?

AZDAK Ein Färber, ein Färber zahlte die Löhnung aus.

DER ZWEITE PANZERREITER War es nicht vielleicht ein Teppichweber?

DER ERSTE PANZERREITER Und warum ist das alles passiert, du Persischer!

AZDAK Warum ist das alles passiert? Ist da ein besonderer Grund nötig? Warum kratzt du dich, Bruder? Krieg! Zu lang Krieg! Und keine Gerechtigkeit! Mein Großvater hat ein Lied mitgebracht, wie es dort gewesen ist. Ich und mein Freund, der Polizist, werden es euch vorsingen. *Zu Schauwa:* Und halt den Strick gut, das paßt dazu. *Er singt, von Schauwa am Strick gehalten:*
Warum bluten unsere Söhne nicht mehr, weinen unsere
                         Töchter nicht mehr?
Warum haben Blut nur mehr die Kälber im Schlachthaus?
Tränen nur mehr die Weiden gegen Morgen am Urmisee?*
Der Großkönig muß eine neue Provinz haben, der Bauer muß
                         sein Milchgeld hergeben.
Damit das Dach der Welt erobert wird, werden die
                         Hüttendächer abgetragen.

Unsere Männer werden in alle vier Winde verschleppt, damit
die Oberen zu Hause tafeln können.
Die Soldaten töten einander, die Feldherrn grüßen einander.
Der Witwe Steuergroschen wird angebissen, ob er echt ist.
Die Schwerter zerbrechen.
Die Schlacht ist verloren, aber die Helme sind bezahlt
worden.
Ist es so? Ist es so?

SCHAUWA Ja, ja, ja, ja, ja, es ist so.

AZDAK Wollt ihr es zu Ende hören?
Der erste Panzerreiter nickt.

DER ZWEITE PANZERREITER *zum Polizisten:* Hat er dir das Lied
beigebracht?

SCHAUWA Jawohl. Nur meine Stimme ist nicht gut.

DER ZWEITE PANZERREITER Nein. *Zu Azdak:* Sing nur weiter.

AZDAK Die zweite Strophe behandelt den Frieden.
Singt:
Die Ämter sind überfüllt, die Beamten sitzen bis auf die
Straße.
Die Flüsse treten über die Ufer und verwüsten die Felder.
Die ihre Hosen nicht selber runterlassen können, regieren
Reiche.
Sie können nicht auf vier zählen, fressen aber acht Gänge.
Die Maisbauern blicken sich nach Kunden um, sehen nur
Verhungerte.
Die Weber gehen von den Webstühlen in Lumpen.
Ist es so? Ist es so?

SCHAUWA Ja, ja, ja, ja, ja, es ist so.

AZDAK
Darum bluten unsere Söhne nicht mehr, weinen unsere
Töchter nich mehr.
Darum haben Blut nur mehr die Kälber im Schlachthaus.
Tränen nur mehr die Weiden gegen Morgen am Urmisee.

DER ERSTE PANZERREITER *nach einer Pause:* Willst du dieses Lied hier in der Stadt singen?

AZDAK Was ist falsch daran?

DER ERSTE PANZERREITER Siehst du die Röte dort? *Azdak blickt sich um.* Am Himmel ist eine Brandröte. Das ist in der Vorstadt. Als der Fürst Kazbeki heute früh den Gouverneur Abaschwili köpfen ließ, haben unsere Teppichweber auch die »persische Krankheit«* bekommen und gefragt, ob der Fürst Kazbeki nicht auch zu viele Gänge frißt. Und heute mittag haben sie dann den Stadtrichter aufgeknüpft. Aber wir haben sie zu Brei geschlagen für zwei Piaster pro Teppichweber, verstehst du?

AZDAK *nach einer Pause:* Ich verstehe.
Er blickt sie scheu an und schleicht weg, zur Seite, setzt sich auf den Boden, den Kopf in den Händen.

DER ERSTE PANZERREITER *nachdem alle getrunken haben, zum dritten:* Paß mal auf, was jetzt kommt. *Der erste und zweite Panzerreiter gehen auf Azdak zu, versperren ihm den Ausgang.*

SCHAUWA Ich glaube nicht, daß er ein direkt schlechter Mensch ist, meine Herren. Ein bissel Hühnerstehlen, und hier und da ein Hase vielleicht.

DER ZWEITE PANZERREITER *tritt zu Azdak:* Du bist hergekommen, daß du im Trüben fischen kannst,* wie?

AZDAK *schaut zu ihm auf:* Ich weiß nicht, warum ich hergekommen bin.

DER ZWEITE PANZERREITER Bist du einer, der es mit den Teppichwebern hält? *Azdak schüttelt den Kopf.* Und was ist mit diesem Lied?

AZDAK Von meinem Großvater. Ein dummer, unwissender Mensch.

DER ZWEITE PANZERREITER Richtig. Und was mit dem Färber, der die Löhnung auszahlte?

AZDAK Das war in Persien.

DER ERSTE PANZERREITER Und was mit der Selbstbeschuldigung, daß du den Großfürsten nicht mit eigenen Händen gehängt hast?

AZDAK Sagte ich euch nicht, daß ich ihn habe laufen lassen?

SCHAUWA Ich bezeuge es. Er hat ihn laufen lassen.

Die Panzerreiter schleppen den schreienden Azdak zum Galgen.* Dann lassen sie ihn los und lachen ungeheuer. Azdak stimmt in das Lachen ein und lacht am lautesten. Dann wird er losgebunden. Alle beginnen zu trinken. Herein der fette Fürst mit einem jungen Mann.

DER ERSTE PANZERREITER *zu Azdak:* Da kommt deine neue Zeit.

Neues Gelächter.

DER FETTE FÜRST Und was gäbe es hier wohl zu lachen, meine Freunde? Erlaubt mir ein ernstes Wort. Die Fürsten Grusiniens haben gestern morgen die kriegslüsterne Regierung des Großfürsten gestürzt und seine Gouverneure beseitigt. Leider ist der Großfürst selber entkommen. In dieser schicksalhaften Stunde haben unsere Teppichweber, diese ewig Unruhigen, sich nicht entblödet, einen Aufstand anzuzetteln* und den allseits beliebten Stadtrichter, unsern teuren Illo Orbeliani, zu hängen. Ts, ts, ts. Meine Freunde, wir brauchen Frieden, Frieden, Frieden in Grusinien. Und Gerechtigkeit! Hier bringe ich euch den lieben Bizergan Kazbeki, meinen Neffen, ein begabter Mensch, der soll der neue Richter werden. Ich sage: das Volk hat die Entscheidung.

DER ERSTE PANZERREITER Heißt das, wir wählen den Richter?

DER FETTE FÜRST So ist es. Das Volk stellt einen begabten Menschen auf. Beratet euch, Freunde. *Während die Panzerreiter die Köpfe zusammenstecken:* Sei ganz ruhig, Füchschen, die Stelle hast du. Und wenn erst der Großfürst geschnappt ist, brauchen wir auch dem Pack nicht mehr in den Arsch zu kriechen.*

DIE PANZERREITER *unter sich:* Sie haben die Hosen voll, weil sie den Großfürsten noch nicht geschnappt haben. – Das verdanken wir diesem Dorfschreiber, er hat ihn laufen lassen. – Sie fühlen sich noch nicht sicher, da heißt es »meine Freunde« und »das Volk hat die Entscheidung«. – Jetzt will er sogar Gerechtigkeit für Grusinien. – Aber eine Hetz ist eine Hetz, und das wird eine Hetz.* – Wir werden den Dorfschreiber fragen, der weiß alles über Gerechtigkeit. He, Halunke, würdest du den Neffen als Richter haben wollen?

AZDAK Meint ihr mich?

DER ERSTE PANZERREITER *fährt fort:* Würdest du den Neffen als Richter haben wollen?

AZDAK Fragt ihr mich? Ihr fragt nicht mich, wie?

DER ZWEITE PANZERREITER Warum nicht? Alles für einen Witz!

AZDAK Ich versteh euch so, daß ihr ihn bis aufs Mark prüfen wollt. Hab ich recht? Hättet ihr einen Verbrecher vorrätig, daß der Kandidat zeigen kann, was er kann, einen gewiegten?

DER DRITTE PANZERREITER Laß sehn. Wir haben die zwei Doktoren von der Gouverneurssau* unten. Die nehmen wir.

AZDAK Halt, das geht nicht. Ihr dürft nicht richtige Verbrecher nehmen, wenn der Richter nicht bestallt ist. Er kann ein Ochse sein, aber er muß bestallt sein, sonst wird das Recht verletzt, das ein sehr empfindliches Wesen ist, etwa wie die Milz, die niemals mit Fäusten geschlagen werden darf, sonst tritt der Tod ein. Ihr könnt die beiden hängen, dadurch kann niemals das Recht verletzt werden, weil kein Richter dabei war. Recht muß immer in vollkommenem Ernst gesprochen werden, es ist so blöd. Wenn zum Beispiel ein Richter eine Frau verknackt, weil sie für ihr Kind ein Maisbrot gestohlen hat, und er hat seine Robe nicht an oder er kratzt sich beim Urteil, so daß mehr als ein Drittel von ihm entblößt ist, das heißt, er muß sich dann am Oberschenkel kratzen, dann ist das Urteil eine Schande und das Recht ist verletzt. Eher noch könnte eine Richterrobe und ein Richterhut ein Urteil sprechen als ein Mensch ohne das alles. Das Recht ist weg wie nix,* wenn nicht aufgepaßt wird. Ihr würdet nicht eine Kanne

Wein ausprobieren, indem ihr sie einem Hund zu saufen gebt,
warum, dann ist der Wein weg.*

DER ERSTE PANZERREITER Was schlägst du also vor, du Haarspalter?

AZDAK Ich mache euch den Angeklagten.* Ich weiß auch schon,
was für einen. *Er sagt ihnen etwas ins Ohr.*

DER ERSTE PANZERREITER Du?
Alle lachen ungeheuer.

DER FETTE FÜRST Was habt ihr entschieden?

DER ERSTE PANZERREITER Wir haben entschieden, wir machen
eine Probe. Unser guter Freund hier wird den Angeklagten
spielen, und hier ist ein Richterstuhl für den Kandidaten.

DER FETTE FÜRST Das ist ungewöhnlich, aber warum nicht?
Zum Neffen: Eine Formsache, Füchschen. Was hast du
gelernt, wer ist gekommen, der Langsamläufer oder der
Schnelläufer?*

DER NEFFE Der Leisetreter, Onkel Arsen.
*Der Neffe setzt sich auf den Stuhl, der fette Fürst stellt sich
hinter ihn. Die Panzerreiter setzen sich auf die Treppe, und
herein mit dem unverkennbaren Gang des Großfürsten läuft
der Azdak.*

AZDAK Ist hier irgendwer, der mich kennt? Ich bin der
Großfürst.

DER FETTE FÜRST Was it er?

DER ZWEITE PANZERREITER Der Großfürst. Er kennt ihn
wirklich.

DER FETTE FÜRST Gut.

DER ERSTE PANZERREITER Los mit der Verhandlung.

AZDAK Höre, ich bin angeklagt wegen Kriegsstiftung. Lächer-
lich. Sage: lächerlich. Genügt das? Wenn nicht genügt, habe
Anwälte mitgebracht, glaube 500. *Er zeigt hinter sich, tut, als
wären viele Anwälte um ihn.* Benötige sämtliche vorhandenen
Saalsitze für Anwälte. *Die Panzerreiter lachen; der fette
Fürst lacht mit.*

DER NEFFE *zu den Panzerreitern:* Wünscht ihr, daß ich den Fall
verhandle? Ich muß sagen, daß ich ihn zumindest etwas ungewöhnlich finde, vom geschmacklichen Standpunkt aus,*
meine ich.

DER ERSTE PANZERREITER Geh los.

DER FETTE FÜRST *lächelnd:* Verknall ihn,* Füchschen.

DER NEFFE Schön. Volk von Grusinien contra Großfürst. Was
haben Sie vorzubringen, Angeklagter?

AZDAK Allerhand. Habe natürlich selber gelesen, daß Krieg
verloren. Habe Krieg seinerzeit auf Anraten von Patrioten
wie Onkel Kazbeki erklärt. Verlange Onkel Kazbeki als
Zeugen.* *Die Panzerreiter lachen.*

DER FETTE FÜRST *zu den Panzerreitern, leutselig:* Eine tolle
Type. Was?

DER NEFFE Antrag abgelehnt. Sie können natürlich nicht angeklagt werden, weil Sie einen Krieg erklärt haben, was jeder
Herrscher hin und wieder zu tun hat, sondern weil Sie ihn
schlecht geführt haben.

AZDAK Unsinn. Habe ihn überhaupt nicht geführt. Habe ihn
führen lassen. Habe ihn führen lassen von Fürsten. Vermas-
selten ihn natürlich.

DER NEFFE Leugnen Sie etwa, den Oberbefehl gehabt zu haben?

AZDAK Keineswegs. Habe immer Oberbefehl. Schon bei Geburt
Amme angepfiffen. Erzogen, auf Abtritt Scheiße zu entlas-
sen. Gewohnt, zu befehlen. Habe immer Beamten befohlen,
meine Kasse zu bestehlen. Offiziere prügeln Soldaten nur,
wenn befehle; Gutsherren schlafen mit Weibern von Bauern
nur, wenn strengstens befehle. Onkel Kazbeki hier hat Bauch
nur auf meinen Befehl.

DIE PANZERREITER *klatschen:* Der ist gut. Hoch der Großfürst!

DER FETTE FÜRST Füchschen, antwort ihm! Ich bin bei dir.

DER NEFFE Ich werde ihm antworten, und zwar der Würde des
Gerichts entsprechend. Angeklagter, wahren Sie die Würde
des Gerichts.

AZDAK Einverstanden. Befehle Ihnen, mit Verhör fortzufahren.

DER NEFFE Haben mir nichts zu befehlen. Behaupten also, Fürsten haben Sie gezwungen, Krieg zu erklären. Wie können Sie dann behaupten, Fürsten hätten Krieg vermasselt?

AZDAK Nicht genug Leute geschickt, Gelder veruntreut, kranke Pferde gebracht, bei Angriff in Bordell gesoffen. Beantrage Onkel Kaz als Zeugen.

Die Panzerreiter lachen.

DER NEFFE Wollen Sie die ungeheuerliche Behauptung aufstellen, daß die Fürsten dieses Landes nicht gekämpft haben?

AZDAK Nein. Fürsten kämpften. Kämpften um Kriegslieferungskontrakte.

DER FETTE FÜRST *springt auf:* Das ist zuviel. Der Kerl redet wie ein Teppichweber.

AZDAK Wirklich? Sage nur die Wahrheit!

DER FETTE FÜRST Aufhängen! Aufhängen!

DER ERSTE PANZERREITER Immer ruhig. Geh weiter, Hoheit.

DER NEFFE Ruhe! Verkündige jetzt Urteil: Müssen aufgehängt werden. Am Hals. Haben Krieg verloren. Urteil gesprochen. Unwiderruflich.

DER FETTE FÜRST *hysterisch:* Abführen? Abführen! Abführen!

AZDAK Junger Mann, rate Ihnen ernsthaft, nicht in Öffentlichkeit in geklippte, zackige Sprechweise zu verfallen.* Können nicht angestellt werden als Wachhund, wenn heulen wie Wolf.* Kapiert?

DER FETTE FÜRST Aufhängen!

AZDAK Wenn Leuten auffällt, daß Fürsten selbe Sprache sprechen wie Großfürst, hängen sie noch Großfürst und Fürsten auf. Kassiere übrigens Urteil. Grund: Krieg verloren, aber nicht für Fürsten. Fürsten haben ihren Krieg gewonnen. Haben sich 3 863 000 Piaster für Pferde bezahlen lassen, die nicht geliefert.

DER FETTE FÜRST Aufhängen!

AZDAK 8 240 000 Piaster für Verpflegung von Mannschaft, die nicht aufgebracht.

DER FETTE FÜRST Aufhängen!

AZDAK Sind also Sieger. Krieg nur verloren für Grusinien, als welches nicht anwesend vor diesem Gericht.*

DER FETTE FÜRST Ich glaube, das ist genug, meine Freunde. *Zu Azdak:* Du kannst abtreten, Galgenvogel. *Zu den Panzerreitern:* Ich denke, ihr könnt jetzt den neuen Richter bestätigen, meine Freunde.

DER ERSTE PANZERREITER Ja, das können wir. Holt den Richterrock herunter. *Einer klettert auf den Rücken des anderen und zieht dem Gehenkten den Rock ab.* Und jetzt − *zum Neffen* − geh du weg, daß auf den richtigen Stuhl der richtige Arsch kommt. *Zu Azdak:* Tritt du vor, begib dich auf den Richterstuhl. *Der Azdak zögert.* Setz dich hinauf, Mensch. *Der Azdak wird von den Panzerreitern auf den Stuhl getrieben.* Immer war der Richter ein Lump, so soll jetzt ein Lump der Richter sein. *Der Richterrock wird ihm übergelegt, ein Flaschenkorb aufgesetzt.** Schaut, was für ein Richter!

DER SÄNGER
Da war das Land im Bürgerkrieg, der Herrschende unsicher.
Da wurde der Azdak zum Richter gemacht von den
　　　　　　　　　　　　　　　　Panzerreitern.
Da war der Azdak Richter für zwei Jahre.

DER SÄNGER MIT SEINEN MUSIKERN
Als die großen Feuer brannten
Und in Blut die Städte standen
Aus der Tiefe krochen Spinn und Kakerlak.
Vor dem Schloßtor stand ein Schlächter
Am Altar ein Gottverächter
Und es saß im Rock des Richters der Azdak.

Auf dem Richterstuhl sitzt der Azdak, einen Apfel schälend. Schauwa kehrt mit einem Besen das Lokal. Auf der einen

81

Seite ein Invalide im Rollstuhl, der angeklagte Arzt und ein Hinkender in Lumpen. Auf der anderen Seite ein junger Mann, der Erpressung angeklagt. Ein Panzerreiter hält Wache mit der Standarte der Panzerreiter.

AZDAK In Anbetracht der vielen Fälle behandelt der Gerichtshof heute immer zwei Fälle gleichzeitig. Bevor ich beginne, eine kurze Mitteilung. Ich nehme. *Er streckt die Hand aus. Nur der Erpresser zieht Geld und gibt ihm.* Ich behalte mir vor, eine Partei hier wegen Nichtachtung des Gerichtshofes – *er blickt auf den Invaliden* – in Strafe zu nehmen.* *Zum Arzt:* Du bist ein Arzt, und du – *zum Invaliden* – klagst ihn an. Ist der Arzt schuld an deinem Zustand?

DER INVALIDE Jawohl. Ich bin vom Schlag getroffen worden wegen ihm.

AZDAK Das wäre Nachlässigkeit im Beruf.

DER INVALIDE Mehr als Nachlässigkeit. Ich habe dem Menschen Geld für sein Studium geliehen. Er hat niemals etwas zurückgezahlt, und als ich hörte, daß er Patienten gratis behandelt, habe ich den Schlaganfall bekommen.

AZDAK Mit Recht. *Zum Hinkenden:* Und was willst du hier?

DER HINKENDE Ich bin der Patient, Euer Gnaden.

AZDAK Er hat wohl dein Bein behandelt?

DER HINKENDE Nicht das richtige. Das Rheuma hatte ich am linken, operiert worden bin ich am rechten, darum hinke ich jetzt.

AZDAK Und das war gratis?

DER INVALIDE Eine 500-Piaster-Operation gratis! Für nichts. Für ein »Vergelt's Gott«. Und ich habe dem Menschen das Studium bezahlt! *Zum Arzt:* Hast du auf der Schule gelernt, umsonst zu operieren?

DER ARZT Euer Gnaden, es ist tatsächlich üblich, vor einer Operation das Honorar zu nehmen, da der Patient vor der Operation willfähriger zahlt als danach, was menschlich verständlich ist. In dem vorliegenden Fall glaubte ich, als ich zur

Operation schritt, daß mein Diener das Honorar bereits erhalten hätte. Darin täuschte ich mich.

DER INVALIDE Er täuschte sich! Ein guter Arzt täuscht sich nicht!* Er untersucht, bevor er operiert.

AZDAK Das ist richtig. *Zu Schauwa:* Um was handelt es sich bei dem anderen Fall, Herr Öffentlicher Ankläger?

SCHAUWA *eifrig kehrend:* Erpressung.

DER ERPRESSER Hoher Gerichtshof, ich bin unschuldig. Ich habe mich bei dem betreffenden Grundbesitzer nur erkundigen wollen, ob er tatsächlich seine Nichte vergewaltigt hat. Er klärte mich freundlichst auf, das nicht, und gab mir das Geld nur, damit ich meinen Onkel Musik studieren lassen kann.

AZDAK Aha! *Zum Arzt:* Du hingegen, Doktor, kannst für dein Vergehen keinen Milderungsgrund anführen, wie?

DER ARZT Höchstens, daß Irren menschlich ist.

AZDAK Und du weißt, daß ein guter Arzt verantwortungsbewußt ist, wenn es sich um Geldangelegenheiten handelt? Ich hab von einem Arzt gehört, daß er aus einem verstauchten Finger 1000 Piaster gemacht hat, indem er herausgefunden hat, es hätte mit dem Kreislauf zu tun, was ein schlechterer Arzt vielleicht übersehen hätte, und ein anderes Mal hat er durch eine sorgfältige Behandlung eine mittlere Galle zu einer Goldquelle gemacht.* Du hast keine Entschuldigung, Doktor. Der Getreidehändler Uxu hat seinen Sohn Medizin studieren lassen, damit er den Handel erlernt, so gut sind bei uns die medizinischen Schulen. *Zum Erpresser:* Wie ist der Name des Grundbesitzers?

SCHAUWA Er wünscht nicht genannt zu werden.

AZDAK Dann spreche ich die Urteile. Die Erpressung wird vom Gericht als bewiesen betrachtet, und du − *zum Invaliden* − wirst zu 1000 Piaster Strafe verurteilt. Wenn du einen zweiten Schlaganfall bekommst, muß dich der Doktor gratis behandeln, eventuell amputieren. *Zum Hinkenden:* Du bekommst als Entschädigung eine Flasche Franzbranntwein zugesprochen. *Zum Erpresser:* Du hast die Hälfte deines

Honorars an den Öffentlichen Ankläger abzuführen dafür, daß das Gericht den Namen des Grundbesitzers verschweigt, und außerdem wird dir der Rat erteilt, Medizin zu studieren, da du dich für diesen Beruf eignest. Und du, Arzt, wirst wegen unverzeihlichen Irrtums in deinem Fach freigesprochen. Die nächsten Fälle!

DER SÄNGER MIT SEINEN MUSIKERN
Ach, was willig, ist nicht billig
Und was teuer, nicht geheuer
Und das Recht ist eine Katze im Sack.*
Darum bitten wir 'nen Dritten*
Daß er schlichtet und's uns richtet
Und das macht uns für 'nen Groschen der Azdak.

Aus einer Karawanserei an der Heerstraße kommt der Azdak, gefolgt von dem Wirt, dem langbärtigen Greis. Dahinter wird vom Knecht und von Schauwa der Richterstuhl geschleppt. Ein Panzerreiter nimmt Aufstellung mit der Standarte der Panzerreiter.

AZDAK Stellt ihn hierher. Da hat man wenigstens Luft und etwas Zug vom Zitronenwäldchen drüben. Der Justiz tut es gut, es im Freien zu machen. Der Wind bläst ihr die Röcke hoch, und man kann sehn, was sie drunter hat. Schauwa, wir haben zuviel gegessen. Diese Inspektionsreisen sind anstrengend. *Zum Wirt:* Es handelt sich um deine Schwiegertochter?

DER WIRT Euer Gnaden, es handelt sich um die Familienehre. Ich erhebe Klage an Stelle meines Sohnes, der in Geschäften überm Berg ist. Dies ist der Knecht, der sich vergangen hat, und hier ist meine bedauernswerte Schwiegertochter. *Die Schwiegertochter, ein üppige Person, kommt. Sie ist verschleiert.*

AZDAK *setzt sich:* Ich nehme. *Der Wirt gibt ihm seufzend Geld.* So, die Formalitäten sind damit geordnet. Es handelt sich um· Vergewaltigung?

DER WIRT Euer Gnaden, ich überraschte den Burschen im Pferdestall, wie er unsere Ludowika eben ins Stroh legte.

AZDAK Ganz richtig, der Pferdestall. Wunderbare Pferde. Besonders ein kleiner Falbe gefiel mir.

DER WIRT Natürlich nahm ich, an Stelle meines Sohnes, Ludowika sofort ins Gebet.

AZDAK *ernst:* Ich sagte, er gefiel mir.

DER WIRT *kalt:* Wirklich? – Ludowika gestand mir, daß der Knecht sie gegen ihren Willen beschlafen habe.

AZDAK Nimm den Schleier ab, Ludowika. *Sie tut es.* Ludowika, du gefällst dem Gerichtshof. Berichte, wie es war.

LUDOWIKA *einstudiert:* Als ich den Stall betrat, das neue Fohlen anzusehen, sagte der Knecht zu mir unaufgefordert: »Es ist heiß heute« und legte mir die Hand auf die linke Brust. Ich sagte zu ihm: »Tu das nicht«, aber er fuhr fort, mich unsittlich zu betasten, was meinen Zorn erregte. Bevor ich seine sündhafte Absicht durchschauen konnte, trat er mir dann zu nahe. Es war geschehen, als mein Schwiegervater eintrat und mich irrtümlich mit den Füßen trat.

DER WIRT *erklärend:* An Stelle meines Sohnes.

AZDAK *zum Knecht:* Gibst du zu, daß du angefangen hast?

KNECHT Jawohl.

AZDAK Ludowika, ißt du gern Süßes?

LUDOWIKA Ja, Sonnenblumenkerne.

AZDAK Sitzt du gern lang im Badezuber?

LUDOWIKA Eine halbe Stunde oder so.

AZDAK Herr Öffentlicher Ankläger, leg dein Messer dort auf den Boden. *Schauwa tut es.* Ludowika, geh und heb das Messer des Öffentlichen Anklägers auf.
Ludowika geht, die Hüften wiegend, zum Messer und hebt es auf.
Azdak zeigt auf sie: Seht ihr das? Wie das wiegt? Der verbrecherische Teil ist entdeckt. Die Vergewaltigung ist erwiesen. Durch zuviel Essen, besonders von Süßem, durch langes Im-

lauen-Wasser-Sitzen, durch Faulheit und eine zu weiche Haut hast du den armen Menschen dort vergewaltigt. Meinst du, du kannst mit einem solchen Hintern herumgehen und es geht dir bei Gericht durch?* Das ist ein vorsätzlicher Angriff mit einer gefährlichen Waffe. Du wirst verurteilt, den kleinen Falben dem Gerichtshof zu übergeben, den dein Schwiegervater an Stelle seines Sohnes zu reiten pflegt, und jetzt gehst du mit mir in den Pferdestall, damit sich der Gerichtshof den Tatort betrachten kann, Ludowika.

Auf der Grusinischen Heerstraße wird der Azdak von seinen Panzerreitern auf seinem Richterstuhl von Ort zu Ort getragen. Hinter ihm Schauwa, der den Galgen schleppt, und der Knecht, der den kleinen Falben führt.

DER SÄNGER MIT SEINEN MUSIKERN
Als die Obern sich zerstritten
War'n die Untern froh, sie litten
Nicht mehr gar so viel Gibher und Abgezwack.*
Auf Grusiniens bunten Straßen
Gut versehn mit falschen Maßen*
Zog der Armeleuterichter, der Azdak.
Und er nahm es von den Reichen
Und er gab es seinesgleichen
Und sein Zeichen war die Zähr' aus Siegellack.*
Und beschirmet von Gelichter
Zog der gute schlechte Richter
Mütterchen Grusiniens, der Azdak.

Der kleine Zug entfernt sich.
Kommt ihr zu dem lieben Nächsten
Kommt mit gut geschärften Äxten
Nicht entnervten Bibeltexten und Schnickschnack!
Wozu all der Predigtplunder*
Seht, die Äxte tuen Wunder
Und mitunter glaubt an Wunder der Azdak.

Der Richterstuhl des Azdak steht in einer Weinschänke. Drei

Großbauern stehen vor dem Azdak, dem Schauwa Wein bringt. In der Ecke steht eine alte Bäuerin. Unter der offenen Tür und außen die Dorfbewohner als Zuschauer. Ein Panzerreiter hält Wache mit der Standarte der Panzerreiter.

AZDAK Der Herr Öffentliche Ankläger hat das Wort.

SCHAUWA Es handelt sich um eine Kuh. Die Angeklagte hat seit fünf Wochen eine Kuh im Stall, die dem Großbauern Suru gehört. Sie wurde auch im Besitz eines gestohlenen Schinkens angetroffen, und dem Großbauern Schuteff sind Kühe getötet worden, als er die Angeklagte aufforderte, die Pacht für einen Acker zu zahlen.

DIE GROSSBAUERN Es handelt sich um meinen Schinken, Euer Gnaden. – Es handelt sich um meine Kuh, Euer Gnaden. – Es handelt sich um meinen Acker, Euer Gnaden.

AZDAK Mütterchen, was hast du dazu zu sagen?

DIE ALTE Euer Gnaden, vor fünf Wochen klopfte es in der Nacht gegen Morgen zu an meiner Tür, und draußen stand ein bärtiger Mann mit einer Kuh, und sagte: »Liebe Frau, ich bin der wundertätige Sankt Banditus, und weil dein Sohn im Krieg gefallen ist, bringe ich dir diese Kuh als ein Angedenken. Pflege sie gut.«

DIE GROSSBAUERN Der Räuber Irakli, Euer Gnaden! – Ihr Schwager, Euer Gnaden! Der Herdendieb, der Brandstifter! – Geköpft muß er werden!

Von außen der Aufschrei einer Frau. Die Menge wird unruhig, weicht zurück. Herein der Bandit Irakli mit einer riesigen Axt.

Irakli! *Sie bekreuzigen sich.*

DER BANDIT Schönen guten Abend, ihr Lieben! Ein Glas Wein!

AZDAK Herr Öffentlicher Ankläger, eine Kanne Wein für den Gast. Und wer bist du?

DER BANDIT Ich bin ein wandernder Eremit, Euer Gnaden, und danke für die milde Gabe. *Er trinkt das Glas aus, das Schauwa gebracht hat.* Noch eins.

AZDAK Ich bin der Azdak. *Er steht auf und verbeugt sich, ebenso verbeugt sich der Bandit.* Der Gerichtshof heißt den fremden Eremiten willkommen. Erzähl weiter, Mütterchen.

DIE ALTE Euer Gnaden, in der ersten Nacht wußt' ich noch nicht, daß der heilige Banditus Wunder tun konnte, es war nur die Kuh. Aber ein paar Tage später kamen nachts die Knechte des Großbauern und wollten mir die Kuh wieder nehmen. Da kehrten sie vor meiner Tür um und gingen zurück ohne die Kuh, und faustgroße Beulen wuchsen ihnen auf den Köpfen. Da wußte ich, daß der heilige Banditus ihre Herzen verwandelt und sie zu freundlichen Menschen gemacht hatte. *Der Bandit lacht laut.*

DER ERSTE GROSSBAUER Ich weiß, was sie verwandelt hat.

AZDAK Das ist gut. Da wirst du es uns nachher sagen. Fahr fort!

DIE ALTE Euer Gnaden, der Nächste, der ein guter Mensch wurde, war der Großbauer Schuteff, ein Teufel, das weiß jeder. Aber der heilige Banditus hat es zustande gebracht, daß er mir die Pacht auf den kleinen Acker erlassen hat.

DER ZWEITE GROSSBAUER Weil mir meine Kühe auf dem Feld abgestochen wurden.
Der Bandit lacht.

DIE ALTE *auf den Wink des Azdak:* Und dann kam der Schinken eines Morgens zum Fenster hereingeflogen. Er hat mich ins Kreuz getroffen, ich lahme noch jetzt, sehen Sie, Euer Gnaden. *Sie geht ein paar Schritte. Der Bandit lacht.* Ich frage, Euer Gnaden: Wann hat je einer einem armen alten Menschen einen Schinken gebracht ohne ein Wunder?
Der Bandit beginnt zu schluchzen.

AZDAK *von seinem Stuhl gehend:* Mütterchen, das ist eine Frage, die den Gerichtshof mitten ins Herz trifft. Sei so freundlich, dich niederzusetzen.
Die Alte setzt sich zögernd auf den Richterstuhl. Der Azdak setzt sich auf den Boden, mit seinem Weinglas.

Mütterchen, fast nenne ich dich Mutter Grusinien, die
Schmerzhafte

Die Beraubte, deren Söhne im Krieg sind
Die mit Fäusten geschlagene, Hoffnungsvolle
Die da weint, wenn sie eine Kuh kriegt.
Die sich wundert, wenn sie nicht geschlagen wird.
Mütterchen, wolle uns Verdammte gnädig beurteilen!*

Brüllend zu den Großbauern:
Gesteht, daß ihr nicht an Wunder glaubt, ihr Gottlosen!
Jeder von euch wird verurteilt zu 500 Piaster Strafe wegen
Gottlosigkeit. Hinaus!
Die Großbauern schleichen hinaus.
Und du, Mütterchen, und du, frommer Mann, leeret eine
Kanne Wein mit dem Öffentlichen Ankläger und dem Azdak.

DER SÄNGER MIT SEINEN MUSIKERN
Und so brach er die Gesetze
Wie ein Brot, daß es sie letze
Bracht das Volk ans Ufer auf des Rechtes Wrack.
Und die Niedren und Gemeinen
Hatten endlich, endlich einen
Den die leere Hand bestochen,* den Azdak.
Siebenhundertzwanzig Tage
Maß er mit gefälschter Waage
Ihre Klage, und er sprach wie Pack zu Pack.
Auf dem Richterstuhl, den Balken
Über sich von einem Galgen
Teilte sein gezinktes Recht aus der Azdak.

DER SÄNGER
Da war die Zeit der Unordnung aus, kehrte der Großfürst
                                                    zurück
Kehrte die Gouverneursfrau zurück, wurde ein Gericht
                                                  gehalten
Starben viele Menschen, brannte die Vorstadt aufs neue,
                                      ergriff Furcht den Azdak.

Der Richterstuhl des Azdak steht wieder im Hof des Gerichts.
Der Azdak sitzt auf dem Boden und flickt seinen Schuh, mit

Schauwa sprechend. Von außen Lärm. Hinter der Mauer wird der Kopf des fetten Fürsten auf einem Spieß vorbeigetragen.

AZDAK Schauwa, die Tage deiner Knechtschaft sind jetzt gezählt, vielleicht sogar die Minuten. Ich habe dich die längste Zeit in der eisernen Kandare der Vernunft gehalten,* die dir das Maul blutig gerissen hat, dich mit Vernunftgründen aufgepeitscht und mit Logik mißhandelt. Du bist von Natur ein schwacher Mensch, und wenn man dir listig ein Argument hinwirft, mußt du es gierig hineinfressen, du kannst dich nicht halten. Du mußt deiner Natur nach einem höheren Wesen die Hand lecken, aber es können ganz verschiedene höhere Wesen sein, und jetzt kommt deine Befreiung, und du kannst bald wieder deinen Trieben folgen, welche niedrig sind, und deinem untrüglichen Instinkt, der dich lehrt, daß du deine dicke Sohle in menschliche Antlitze pflanzen sollst. Denn die Zeit der Verwirrung und Unordnung ist vorüber und die große Zeit ist nicht gekommen, die ich beschrieben fand in dem Lied vom Chaos,* das wir jetzt noch einmal zusammen singen werden zum Angedenken an diese wunderbare Zeit; setz dich und vergreif dich nicht an den Tönen. Keine Furcht, man darf es hören, es hat einen beliebten Refrain.

Er singt:

Schwester, verhülle dein Haupt, Bruder, hole dein Messer,
    die Zeit ist ganz aus den Fugen.
Die Vornehmen sind voll Klagen und die Geringen voll
    Freude.
Die Stadt sagt: Laßt uns die Starken aus unserer Mitte
    vertreiben.
In den Ämtern wird eingebrochen, die Listen der Leibeigenen
    werden zerstört.
Die Herren hat man an die Mühlsteine gesetzt. Die den Tag
    nie sahen, sind herausgegangen.
Die Opferkästen aus Ebenholz werden zerschlagen,* das
    herrliche Sesnemholz* zerhackt man zu Betten.

Wer kein Brot hatte, der hat jetzt Scheunen, wer sich Kornspenden holte, läßt jetzt selber austeilen.*

SCHAUWA Oh, oh, oh, oh.

AZDAK

Wo bleibst du, General! Bitte, bitte, bitte, schaff Ordnung.
Der Sohn des Angesehenen ist nicht mehr zu erkennen; das
Kind der Herrin wird zum Sohn ihrer Sklavin.
Die Amtsherren suchen schon Obdach im Speicher; wer
kaum auf den Mauern nächtigen durfte, räkelt jetzt sich im
Bett.
Der sonst das Boot ruderte, besitzt jetzt Schiffe; schaut ihr
Besitzer nach ihnen, so sind sie nicht mehr sein.
Fünf Männer sind ausgeschickt von ihren Herren. Sie sagen:
Geht jetzt selber den Weg, wir sind angelangt.

SCHAUWA Oh, oh, oh, oh.

AZDAK

Wo bleibst du, General? Bitte, bitte, bitte, schaff Ordnung!
Ja, so wäre es beinahe gekommen bei uns, wenn die Ordnung
noch länger vernachlässigt worden wäre. Aber jetzt ist der
Großfürst, dem ich Ochse das Leben gerettet habe, in die
Hauptstadt zurück, und die Perser haben ihm ein Heer ausge-
liehen, damit er Ordnung schafft. Die Vorstadt brennt schon.
Hol mir das dicke Buch, auf dem ich immer sitze. *Schauwa
bringt vom Richterstuhl das Buch, der Azdak schlägt es auf.*
Das ist das Gesetzbuch, und ich habe es immer benutzt, das
kannst du bezeugen.

SCHAUWA Ja, zum Sitzen.

AZDAK Ich werde jetzt besser nachschlagen, was sie mir aufbren-
nen können. Denn ich habe den Habenichtsen durch die
Finger gesehen, das wird mir teuer zu stehen kommen.* Ich
habe der Armut auf die dünnen Beine geholfen, da werden sie
mich wegen Trunkenheit aufhängen; ich habe den Reichen in
die Taschen geschaut, das ist faule Sprache.* Und ich kann
mich nirgends verstecken, denn alle kennen mich, da ich allen
geholfen habe.

SCHAUWA Jemand kommt.

AZDAK *gehetzt stehend, geht dann schlotternd zum Stuhl:* Aus. Aber ich'werd niemand den Gefallen tun, menschliche Größe zu zeigen. Ich bitt dich auf den Knien um Erbarmen, geh jetzt nicht weg, der Speichel rinnt mir heraus. Ich hab Todesfurcht.
Herein Natella Abaschwili, die Gouverneursfrau, mit dem Adjutanten und einem Panzerreiter.

DIE GOUVERNEURSFRAU Was ist das für eine Kreatur, Shalva?

AZDAK Eine willfährige, Euer Gnaden, eine, die zu Diensten steht.

DER ADJUTANT Natella Abaschwili, die Frau des verstorbenen Gouverneurs, ist soeben zurückgekehrt und sucht nach ihrem dreijährigen Sohn Michel Abaschwili. Sie hat Kenntnis bekommen, daß das Kind von einem früheren Dienstboten in das Gebirge verschleppt wurde.

AZDAK Es wird beigeschafft werden, Euer Hochwohlgeboren, zu Befehl.

DER ADJUTANT Die Person soll das Kind als ihr eigenes ausgeben.

AZDAK Sie wird geköpft werden, Euer Hochwohlgeboren, zu Befehl.

DER ADJUTANT Das ist alles.

DIE GOUVERNEURSFRAU *im Abgehen:* Der Mensch mißfällt mir.

AZDAK *folgt ihr mit tiefen Verbeugungen zur Tür:* Es wird alles geordnet werden, Euer Hochwohlgeboren. Zu Befehl.

6

DER KREIDEKREIS

DER SÄNGER
Hört nun die Geschichte des Prozesses um das Kind des Gou-
verneurs Abaschwili
Mit der Feststellung der wahren Mutter
Durch die berühmte Probe mit einem Kreidekreis.

Im Hof des Gerichts in Nukha. Panzerreiter führen Michel
herein und über den Hof nach hinten hinaus. Ein Panzerrei-
ter hält mit dem Spieß Grusche unterm Tor zurück, bis das
Kind weggeführt ist. Dann wird sie eingelassen. Bei ihr ist die
Köchin aus dem Haushalt des ehemaligen Gouverneurs
Abaschwili. Entfernter Lärm und Brandröte.

GRUSCHE Er ist tapfer, er kann sich schon allein waschen.

DIE KÖCHIN Du hast ein Glück, es ist überhaupt kein richtiger
Richter, es ist der Azdak. Er ist ein Saufaus und versteht
nichts, und die größten Diebe sind schon bei ihm freigekom-
men. Weil er alles verwechselt und die reichen Leut ihm nie
genug Bestechung zahlen, kommt unsereiner manchmal gut
bei ihm weg.

GRUSCHE Heut brauch ich Glück.

DIE KÖCHIN Verruf's nicht.* *Sie bekreuzigt sich.* Ich glaub, ich
bet besser noch schnell einen Rosenkranz, daß der Richter
besoffen ist.
Sie betet mit tonlosen Lippen, während Grusche vergebens
nach dem Kind ausschaut.

93

Ich versteh nur nicht, warum du's mit aller Gewalt behalten
willst, wenn's nicht deins ist, in diesen Zeiten.

GRUSCHE Es ist meins: ich hab's aufgezogen.

DIE KÖCHIN Hast du denn nie darauf gedacht, was geschieht,
wenn sie zurückkommt?

GRUSCHE Zuerst hab ich gedacht, ich geb's ihr zurück, und dann
hab ich gedacht, sie kommt nicht mehr.

DIE KÖCHIN Und ein geborgter Rock hält auch warm, wie?
Grusche nickt. Ich schwör dir, was du willst, weil du eine
anständige Person bist. *Memoriert:* Ich hab ihn in Pflege
gehabt, für 5 Piaster, und die Grusche hat ihn sich abgeholt
am Donnerstag, abends, wie die Unruhen waren. *Sie erblickt
den Soldaten Chachava, der sich nähert.* Aber an dem Simon
hast du dich versündigt, ich hab mit ihm gesprochen, er
kann's nicht fassen.

GRUSCHE *die ihn nicht sieht:* Ich kann mich jetzt nicht kümmern
um den Menschen, wenn er nichts versteht.

DIE KÖCHIN Er hat's verstanden, daß das Kind nicht deins ist,
aber daß du im Stand der Ehe bist und nicht mehr frei, bis der
Tod dich scheidet, kann er nicht verstehen.
Grusche erblickt ihn und grüßt.

SIMON *finster:* Ich möchte der Frau mitteilen, daß ich bereit zum
Schwören bin. Der Vater vom Kind bin ich.

GRUSCHE *leise:* Es ist recht, Simon.

SIMON Zugleich möchte ich mitteilen, daß ich dadurch zu nichts
verpflichtet bin und die Frau auch nicht.

DIE KÖCHIN Das ist unnötig. Sie ist verheiratet, das weißt du.

SIMON Das ist ihre Sache und braucht nicht eingerieben zu
werden.*
Herein kommen zwei Panzerreiter.

DIE PANZERREITER Wo ist der Richter? – Hat jemand den
Richter gesehen?

GRUSCHE *die sich abgewendet und ihr Gesicht bedeckt hat:* Stell

dich vor mich hin. Ich hätte nicht nach Nukha gehen dürfen.
Wenn ich an den Panzerreiter hinlauf, den ich über den Kopf
geschlagen hab . . .

EINER DER PANZERREITER *die das Kind gebracht haben, tritt
vor:* Der Richter ist nicht hier. *Die beiden Panzerreiter suchen
weiter.*

DIE KÖCHIN Hoffentlich ist nichts mit ihm passiert. Mit einem
andern hast du weniger Aussichten, als ein Huhn Zähne im
Mund hat.
Ein anderer Panzerreiter tritt auf.

DER PANZERREITER *der nach dem Richter gefragt hat, meldet
ihm:* Da sind nur zwei alte Leute und ein Kind. Der Richter ist
getürmt.

DER ANDERE PANZERREITER Weitersuchen!
*Die ersten beiden Panzerreiter gehen schnell ab, der dritte
bleibt stehen. Grusche schreit auf. Der Panzerreiter dreht
sich um. Es ist der Gefreite, und er hat eine große Narbe über
dem ganzen Gesicht.*

DER PANZERREITER IM TOR Was ist los, Schotta? Kennst du die?

DER GEFREITE *nach langem Starren:* Nein.

DER PANZERREITER IM TOR Die soll das Abaschwilikind gestoh-
len haben. Wenn du davon etwas weißt, kannst du einen
Batzen Geld machen, Schotta.
Der Gefreite geht fluchend ab.

DIE KÖCHIN War es der? *Grusche nickt.* Ich glaub, der hält's
Maul. Sonst müßt er zugeben, er war hinter dem Kind her.*

GRUSCHE *befreit:* Ich hatte beinah schon vergessen, daß ich das
Kind doch gerettet hab vor denen . . . *Herein die Gouverneursfrau mit dem Adjutanten und zwei Anwälten.*

DIE GOUVERNEURSFRAU Gott sei Dank, wenigstens kein Volk
da. Ich kann den Geruch nicht aushalten, ich bekomme
Migräne davon.

DER ERSTE ANWALT Bitte, gnädige Frau. Seien Sie so vernünftig
wie möglich mit allem, was Sie sagen, bis wir einen andern
Richter haben.

DIE GOUVERNEURSFRAU Aber ich habe doch gar nichts gesagt, Illo Schuboladze. Ich liebe das Volk mit seinem schlichten, geraden Sinn, es ist nur der Geruch, der mir Migräne macht.

DER ZWEITE ANWALT Es wird kaum Zuschauer geben. Der größte Teil der Bevölkerung sitzt hinter geschlossenen Türen wegen der Unruhen in der Vorstadt.

DIE GOUVERNEURSFRAU Ist das die Person?

DER ERSTE ANWALT Bitte, gnädigste Natella Abaschwili, sich aller Invektiven zu enthalten, bis es sicher ist, daß der Großfürst den neuen Richter ernannt hat und wir den gegenwärtigen amtierenden Richter los sind, der ungefähr das Niedrigste ist, was man je in einem Richterrock gesehen hat. Und die Dinge scheinen sich schon zu bewegen, sehen Sie.
Panzerreiter kommen in den Hof.

DIE KÖCHIN Die Gnädigste würde dir sogleich die Haare ausreißen, wenn sie nicht wüßte, daß der Azdak für die Niedrigen ist. Er geht nach dem Gesicht.
Zwei Panzerreiter haben begonnen, einen Strick an der Säule zu befestigen. Jetzt wird der Azdak gefesselt hereingeführt. Hinter ihm, ebenfalls gefesselt, Schauwa. Hinter diesem die drei Großbauern.

EIN PANZERREITER Einen Fluchtversuch wolltest du machen, was?
Er schlägt den Azdak.

EIN GROSSBAUER Den Richterrock herunter, bevor er hochgezogen wird!
Panzerreiter und Großbauern reißen dem Azdak den Richterrock herunter. Seine zerlumpte Unterkleidung wird sichtbar. Dann gibt ihm einer einen Stoß.

EIN PANZERREITER *wirft ihn einem anderen zu:* Willst du einen Haufen Gerechtigkeit? Da ist sie!
Unter Geschrei »Nimm du sie!«* und »Ich brauche sie nicht!« werfen sie sich den Azdak zu, bis er zusammenbricht, dann wird er hochgerissen und unter die Schlinge gezerrt.

DIE GOUVERNEURSFRAU *die während des »Ballspiels« hyst-*

erisch in die Hände geklatscht hat: Der Mensch war mir unsympathisch auf den ersten Blick.

AZDAK *blutüberströmt, keuchend:* Ich kann nicht sehn, gebt mir einen Lappen.

DER ANDERE PANZERREITER Was willst du denn sehn?

AZDAK Euch, Hunde. *Er wischt sich mit seinem Hemd das Blut aus den Augen.* Gott zum Gruß, Hunde! Wie geht es, Hunde? Wie ist die Hundewelt, stinkt sie gut? Gibt es wieder einen Stiefel zu lecken? Beißt ihr euch wieder selber zu Tode, Hunde?
Ein staubbedeckter Reiter ist mit einem Gefreiten hereingekommen. Aus einem Ledersack hat er Papiere gezogen und durchgesehen. Nun greift er ein.

DER STAUBBEDECKTE REITER Halt, hier ist das Schreiben des Großfürsten, die neuen Ernennungen betreffend.

GEFREITER *brüllt:* Steht still. *Alle stehen still.*

DER STAUBBEDECKTE REITER Über den neuen Richter heißt es: Wir ernennen einen Mann, dem die Errettung eines dem Land hochwichtigen Lebens zu danken ist, einen gewissen Azdak in Nukha. Wer ist das?

SCHAUWA *zeigt auf den Azdak:* Der am Galgen, Euer Exzellenz.

GEFREITER *brüllt:* Was geht hier vor?

DER PANZERREITER Bitte, berichten zu dürfen, daß Seine Gnaden* schon Seine Gnaden war und auf Anzeige dieser Großbauern als Feind des Großfürsten bezeichnet wurde.

GEFREITER *auf die Großbauern:* Abführen! *Sie werden abgeführt, gehen mit unaufhörlichen Verneigungen.* Sorgt, daß Seine Gnaden keine weiteren Belästigungen erfährt. *Ab mit dem staubbedeckten Reiter.*

DIE KÖCHIN *zu Schauwa:* Sie hat in die Hände geklatscht. Hoffentlich hat er es gesehen.

DER ERSTE ANWALT Es ist eine Katastrophe.
Der Azdak ist ohnmächtig geworden. Er wird herabgeholt, kommt zu sich, wird wieder mit dem Richterrock bekleidet,

geht schwankend aus der Gruppe der Panzerreiter.

DIE PANZERREITER Nichts für ungut,* Euer Gnaden! – Was wünschen Euer Gnaden?

AZDAK Nichts, meine Mithunde. Einen Stiefel zum Lecken, gelegentlich.* *Zu Schauwa:* Ich begnadige dich. *Er wird entfesselt.* Hol mir von dem Roten, Süßen.* *Schauwa ab.* Verschwindet, ich hab einen Fall zu behandeln. *Panzerreiter ab. Schauwa zurück mit Kanne Wein. Der Azdak trinkt schwer.* Etwas für meinen Steiß! *Schauwa bringt das Gesetzbuch, legt es auf den Richterstuhl. Der Azdak setzt sich.* Ich nehme! *Die Antlitze der Kläger, unter denen eine besorgte Beratung stattfindet, zeigen ein befreites Lächeln. Ein Tuscheln findet statt.*

DIE KÖCHIN Auweh.

SIMON »Ein Brunnen läßt sich nicht mit Tau füllen«,* wie man sagt.

DIE ANWÄLTE *nähern sich dem Azdak, der erwartungsvoll aufsteht:* Ein ganz lächerlicher Fall, Euer Gnaden. – Die Gegenpartei hat das Kind entführt und weigert sich, es herauszugeben.

AZDAK *hält ihnen die offene Hand hin, nach Grusche blickend:* Eine sehr anziehende Person. *Er bekommt mehr.* Ich eröffne die Verhandlung und bitt mir strikte Wahrhaftigkeit aus. *Zu Grusche:* Besonders von dir.

DER ERSTE ANWALT Hoher Gerichtshof! Blut, heißt es im Volksmund, ist dicker als Wasser. Diese alte Weisheit . . .

AZDAK Der Gerichtshof wünscht zu wissen, was das Honorar des Anwalts ist.

DER ERSTE ANWALT *erstaunt:* Wie belieben? *Der Azdak reibt freundlich Daumen und Zeigefinger.* Ach so! 500 Piaster, Euer Gnaden, um die ungewöhnliche Frage des Gerichtshofes zu beantworten.

AZDAK Habt ihr zugehört? Die Frage ist ungewöhnlich. Ich frag, weil ich Ihnen ganz anders zuhör, wenn ich weiß, Sie sind gut.

DER ERSTE ANWALT *verbeugt sich:* Danke, Euer Gnaden. Hoher Gerichtshof! Die Bande des Blutes sind die stärksten aller Bande. Mutter und Kind, gibt es ein innigeres Verhältnis? Kann man einer Mutter ihr Kind entreißen? Hoher Gerichtshof! Sie hat es empfangen in den heiligen Ekstasen der Liebe, sie trug es in ihrem Leibe, speiste es mit ihrem Blute, gebar es mit Schmerzen. Hoher Gerichtshof! Man hat gesehen, wie selbst die rohe Tigerin, beraubt ihrer Jungen, rastlos durch die Gebirge streifte, abgemagert zu einem Schatten. Die Natur selber . . .

AZDAK *unterbricht, zu Grusche:* Was kannst du dazu und zu allem, was der Herr Anwalt noch zu sagen hat, erwidern?

GRUSCHE Es ist meins.

AZDAK Ist das alles? Ich hoff, du kannst's beweisen. Jedenfalls rat ich dir, daß du mir sagst, warum du glaubst, ich soll dir das Kind zusprechen.

GRUSCHE Ich hab's aufgezogen nach bestem Wissen und Gewissen,* ihm immer was zum Essen gefunden. Es hat meistens ein Dach überm Kopf gehabt, und ich hab allerlei Ungemach auf mich genommen seinetwegen, mir auch Ausgaben gemacht. Ich hab nicht auf meine Bequemlichkeit geschaut. Das Kind hab ich angehalten zur Freundlichkeit gegen jedermann und von Anfang an zur Arbeit, so gut es gekonnt hat, es ist noch klein.

DER ERSTE ANWALT Euer Gnaden, es ist bezeichnend, daß die Person selber keinerlei Blutsbande zwischen sich und dem Kind geltend macht.

AZDAK Der Gerichtshof nimmt's zur Kenntnis.

DER ERSTE ANWALT Danke, Euer Gnaden. Gestatten Sie, daß eine tiefgebeugte Frau, die schon ihren Gatten verlor und nun auch noch fürchten muß, ihr Kind zu verlieren, einige Worte an Sie richtet. Gnädige Natella Abaschwili . . .

DIE GOUVERNEURSFRAU *leise:* Ein höchst grausames Schicksal, mein Herr, zwingt mich, von Ihnen mein geliebtes Kind zurückzuerbitten. Es ist nicht an mir, Ihnen die Seelenqualen

99

einer beraubten Mutter zu schildern, die Ängste, die schlaf-
losen Nächte, die . . .

DER ZWEITE ANWALT *ausbrechend:* Es ist unerhört, wie man
diese Frau behandelt. Man verwehrt ihr den Eintritt in den
Palast ihres Mannes, man sperrt ihr die Einkünfte aus den
Gütern, man sagt ihr kaltblütig, sie seien an den Erben gebunden, sie kann nichts unternehmen ohne das Kind, sie kann
ihre Anwälte nicht bezahlen! *Zu dem ersten Anwalt, der, ver-*
zweifelt über seinen Ausbruch, ihm frenetische Gesten
macht, zu schweigen: Lieber Illo Schuboladze, warum soll es
nicht ausgesprochen werden, daß es sich schließlich um die
Abaschwili-Güter handelt?

DER ERSTE ANWALT Bitte, verehrter Sandro Oboladze! Wir
haben vereinbart . . . *Zum Azdak:* Selbstverständlich ist es
richtig, daß der Ausgang des Prozesses auch darüber
entscheidet, ob unsere hohe Klientin die Verfügung über die
sehr großen Abaschwili-Güter erhält,* aber ich sage mit
Absicht »auch«, das heißt, im Vordergrund steht die menschliche Tragödie einer Mutter, wie Natella Abaschwili im
Eingang ihrer erschütternden Ausführungen mit Recht
erwähnt hat. Selbst wenn Michel Abaschwili nicht der Erbe
der Güter wäre, wäre er immer noch das heißgeliebte Kind
meiner Klientin!

AZDAK Halt! Den Gerichtshof berührt die Erwähnung der Güter
als ein Beweis der Menschlichkeit.

DER ZWEITE ANWALT Danke, Euer Gnaden. Lieber Illo Schuboladze, auf jeden Fall können wir nachweisen, daß die Person,
die das Kind an sich gerissen hat, nicht die Mutter des Kindes
ist! Gestatten Sie mir, dem Gerichtshof die nackten Tatsachen
zu unterbreiten. Das Kind, Michel Abaschwili, wurde durch
eine unglückliche Verkettung von Umständen bei der Flucht
der Mutter zurückgelassen. Die Grusche, Küchenmädchen
im Palast, war an diesem Ostersonntag anwesend und wurde
beobachtet, wie sie sich mit dem Kind zu schaffen machte . . .

DIE KÖCHIN Die Frau hat nur daran gedacht, was für Kleider sie
mitnimmt!

DER ZWEITE ANWALT *unbewegt:* Nahezu ein Jahr später tauchte die Grusche in einem Gebirgsdorf auf mit einem Kind und ging eine Ehe ein mit . . .

AZDAK Wie bist du in das Gebirgsdorf gekommen?

GRUSCHE Zu Fuß, Euer Gnaden, und es war meins.

SIMON Ich bin der Vater, Euer Gnaden.

DIE KÖCHIN Es war bei mir in Pflege, Euer Gnaden, für 5 Piaster.

DER ZWEITE ANWALT Der Mann ist der Verlobte der Grusche, Hoher Gerichtschof, und daher in seiner Aussage nicht vertrauenswürdig.

AZDAK Bist du der, den sie im Gebirgsdorf geheiratet hat?

SIMON Nein, Euer Gnaden. Sie hat einen Bauern geheiratet.

AZDAK *winkt Grusche heran:* Warum? *Auf Simon:* Ist er nichts im Bett? Sag die Wahrheit.

GRUSCHE Wir sind nicht soweit gekommen. Ich hab geheiratet wegen dem Kind. Daß es ein Dach über dem Kopf gehabt hat. *Auf Simon:* Er war im Krieg, Euer Gnaden.

AZDAK Und jetzt will er wieder mit dir, wie?

SIMON Ich möchte zu Protokoll geben . . .

GRUSCHE *zornig:* Ich bin nicht mehr frei, Euer Gnaden.

AZDAK Und das Kind, behauptest du, kommt von der Hurerei? *Da Grusche nicht antwortet:* Ich stell dir eine Frage: Was für ein Kind ist es? So ein zerlumpter Straßenbankert oder ein feines, aus einer vermögenden Familie?

GRUSCHE *böse:* Es ist ein gewöhnliches.

AZDAK Ich mein: hat es frühzeitig verfeinerte Züge gezeigt?

GRUSCHE Es hat eine Nase im Gesicht gezeigt.

AZDAK Es hat eine Nase im Gesicht gezeigt. Das betracht ich als eine wichtige Antwort von dir. Man erzählt von mir, daß ich vor einem Richterspruch hinausgegangen bin und an einem Rosenstrauch hingerochen hab.* Das sind Kunstgriffe, die heut schon nötig sind. Ich werd's jetzt kurz machen und mir eure Lügen nicht weiter anhören, – *zu Grusche* – besonders die deinen. Ich kann mir denken, was ihr euch – *zu der Gruppe der Beklagten* – alles zusammengekocht habt, daß ihr mich bescheißt, ich kenn euch. Ihr seid Schwindler.

GRUSCHE *plötzlich:* Ich glaub's Ihnen, daß Sie's kurz machen wollen, nachdem ich gesehen hab, wie Sie genommen haben!

AZDAK Halt's Maul. Hab ich etwa von dir genommen?

GRUSCHE *obwohl die Köchin sie zurückhalten will:* Weil ich nichts hab.

AZDAK Ganz richtig. Von euch Hungerleidern krieg ich nichts, da könnt ich verhungern. Ihr wollt eine Gerechtigkeit, aber wollt ihr zahlen? Wenn ihr zum Fleischer geht, wißt ihr, daß ihr zahlen müßt, aber zum Richter geht ihr wie zum Leichenschmaus.

SIMON *laut:* »Als sie das Roß beschlagen kamen, streckte der Roßkäfer die Beine hin«, heißt es.

AZDAK *nimmt die Herausforderung eifrig auf:* »Besser ein Schatz aus der Jauchegrube als ein Stein aus dem Bergquell.«

SIMON »Ein schöner Tag, wollen wir nicht fischen gehn? sagte der Angler zum Wurm.«

AZDAK »Ich bin mein eigener Herr, sagte der Knecht und schnitt sich den Fuß ab.«

SIMON »Ich liebe euch wie ein Vater, sagte der Zar zu den Bauern und ließ dem Zarewitsch* den Kopf abhaun.«

AZDAK »Der ärgste Feind des Narren ist er selber.«

SIMON Aber »der Furz hat keine Nase«.*

AZDAK 10 Piaster Strafe für unanständige Sprache vor Gericht, damit du lernst, was Justiz ist.

GRUSCHE Das ist eine saubere Justiz.* Uns verknallst du,* weil wir nicht so fein reden können wie die mit ihren Anwälten.

AZDAK So ist es. Ihr seid zu blöd. Es ist nur recht, daß ihr's auf den Deckel kriegt.*

GRUSCHE Weil du der da das Kind zuschieben willst, wo sie viel zu fein ist, als daß sie je gewußt hat, wie sie es trockenlegt!* Du weißt nicht mehr von Justiz als ich, das merk dir.

AZDAK Da ist was dran. Ich bin ein unwissender Mensch, ich habe keine ganze Hose unter meinem Richterrock, schau selber. Es geht alles in Essen und Trinken bei mir, ich bin in einer Klosterschul erzogen. Ich nehm übrigens auch dich in Straf mit 10 Piaster für Beleidigung des Gerichtshofs. Und außerdem bist du eine ganz dumme Person, daß du mich gegen dich einnimmst, statt daß du mir schöne Augen machst und ein bissel den Hintern drehst, so daß ich günstig gestimmt bin. 20 Piaster.

GRUSCHE Und wenn's 30 werden, ich sag dir, was ich von deiner Gerechtigkeit halt, du besoffene Zwiebel. Wie kannst du dich unterstehn und mit mir reden wie der gesprungene Jesaja auf dem Kirchenfenster* als ein Herr? Wie sie dich aus deiner Mutter gezogen haben, war's nicht geplant, daß du ihr eins auf die Finger gibst, wenn sie sich ein Schälchen Hirse nimmt irgendwo, und schämst dich nicht, wenn du siehst, daß ich vor dir zitter? Aber du hast dich zu ihrem Knecht machen lassen, daß man ihnen nicht die Häuser wegträgt, weil sie die gestohlen haben; seit wann gehören die Häuser den Wanzen?* Aber du paßt auf, sonst könnten sie uns nicht die Männer in ihre Kriege schleppen, du Verkaufter.

Der Azdak hat sich erhoben. Er beginnt zu strahlen. Mit seinem kleinen Hammer klopft er auf den Tisch, halbherzig, wie um Ruhe herzustellen, aber wenn die Schimpferei der Grusche fortschreitet, schlägt er ihr nur noch den Takt.

Ich hab keinen Respekt vor dir. Nicht mehr als vor einem Dieb und Raubmörder mit einem Messer, er macht, was er will. Du kannst mir das Kind wegnehmen, hundert gegen eins, aber ich sag dir eins: Zu einem Beruf wie dem deinen sollt man nur Kinderschänder und Wucherer auswählen, zur Strafe, daß sie über ihren Mitmenschen sitzen müssen, was schlimmer ist, als am Galgen hängen.

AZDAK *setzt sich:* Jetzt sind's 30, und ich rauf mich nicht weiter

mit dir herum wie im Weinhaus, wo käm meine richterliche
Würde hin, ich hab überhaupt die Lust verloren an deinem
Fall. Wo sind die zwei, die geschieden werden wollen? *Zu
Schauwa:* Bring sie herein. Diesen Fall setz ich aus für eine
Viertelstunde.

DER ERSTE ANWALT *während Schauwa geht:* Wenn wir gar nichts
mehr vorbringen, haben wir das Urteil im Sack, gnädige
Frau.

DIE KÖCHIN *zu Grusche:* Du hast dir's verdorben mit ihm. Jetzt
spricht er dir das Kind ab.
Herein kommt ein sehr altes Ehepaar.

DIE GOUVERNEURSFRAU Shalva, mein Riechfläschchen.

AZDAK Ich nehme. *Die Alten verstehen nicht.* Ich hör, ihr wollt
geschieden werden. Wie lang seid ihr schon zusammen?

DIE ALTE 40 Jahre, Euer Gnaden.

AZDAK Und warum wollt ihr geschieden werden?

DER ALTE Wir sind uns nicht sympathisch, Euer Gnaden.

AZDAK Seit wann?

DIE ALTE Seit immer, Euer Gnaden.

AZDAK Ich werd mir euern Wunsch überlegen und mein Urteil
sprechen, wenn ich mit dem andern Fall fertig bin. *Schauwa
führt sie in den Hintergrund.* Ich brauch das Kind. *Winkt
Grusche zu sich und beugt sich zu ihr, nicht unfreundlich.* Ich
hab gesehen, daß du was für Gerechtigkeit übrig hast.* Ich
glaub dir nicht, daß es dein Kind ist, aber wenn es deines wär,
Frau, würdest du da nicht wollen, es soll reich sein? Da
müßtest du doch nur sagen, es ist nicht deins. Und sogleich
hätt es einen Palast und hätte die vielen Pferde an seiner
Krippe und die vielen Bettler an seiner Schwelle, die vielen
Soldaten in seinem Dienst und die vielen Bittsteller in seinem
Hofe, nicht? Was antwortest du mir da? Willst du's nicht
reich haben?
Grusche schweigt.

DER SÄNGER Hört nun, was die Zornige dachte, nicht sagte.
Er singt:
Ginge es in goldnen Schuhn
Träte es mir auf die Schwachen
Und es müßte Böses tun
Und könnte mir lachen.
Ach, zum Tragen, spät und frühe
Ist zu schwer ein Herz aus Stein
Denn es macht zu große Mühe
Mächtig tun und böse sein.
Wird es müssen den Hunger fürchten
Aber die Hungrigen nicht.
Wird es müssen die Finsternis fürchten
Aber nicht das Licht.*

AZDAK Ich glaub, ich versteh dich, Frau.

GRUSCHE Ich geb's nicht mehr her. Ich hab's aufgezogen, und es kennt mich.
Schauwa führt das Kind herein.

DIE GOUVERNEURSFRAU In Lumpen geht es!

GRUSCHE Das ist nicht wahr. Man hat mir nicht die Zeit gegeben, daß ich ihm sein gutes Hemd anzieh.

DIE GOUVERNEURSFRAU In einem Schweinekoben war es!

GRUSCHE *aufgebracht:* Ich bin kein Schwein, aber da gibt's andere. Wo hast du dein Kind gelassen?

DIE GOUVERNEURSFRAU Ich werd's dir geben, du vulgäre Person. *Sie will sich auf Grusche stürzen, wird aber von den Anwälten zurückgehalten.* Das ist eine Verbrecherin! Sie muß ausgepeitscht werden!

DER ZWEITE ANWALT *hält ihr den Mund zu:* Gnädigste Natella Abaschwili! Sie haben versprochen . . . Euer Gnaden, die Nerven der Klägerin . . .

AZDAK Klägerin und Angeklagte: Der Gerichtshof hat euren Fall angehört und hat keine Klarheit gewonnen, wer die wirkliche Mutter dieses Kindes ist. Ich als Richter hab die Verpflichtung, daß ich für das Kind eine Mutter aussuch. Ich werd eine Probe machen. Schauwa, nimm ein Stück Kreide. Zieh einen Kreis auf den Boden. *Schauwa zieht einen Kreis mit Kreide auf den Boden.* Stell das Kind hinein! *Schauwa stellt Michel, der Grusche zulächelt, in den Kreis.* Klägerin und Angeklagte, stellt euch neben den Kreis, beide! *Die Gouverneursfrau und Grusche treten neben den Kreis.* Faßt das Kind bei der Hand. Die richtige Mutter wird die Kraft haben, das Kind aus dem Kreis zu sich zu ziehen.

DER ZWEITE ANWALT *schnell:* Hoher Gerichtshof, ich erhebe Einspruch, daß das Schicksal der großen Abaschwili-Güter, die an das Kind als Erben gebunden sind, von einem so zweifelhaften Zweikampf abhängen soll. Dazu kommt: Meine Mandantin verfügt nicht über die gleichen Kräfte wie diese Person, die gewohnt ist, körperliche Arbeit zu verrichten.

AZDAK Sie kommt mir gut genährt vor. Zieht!
Die Gouverneursfrau zieht das Kind zu sich herüber aus dem Kreis. Grusche hat es losgelassen, sie steht entgeistert.

DER ERSTE ANWALT *beglückwünscht die Gouverneursfrau:* Was hab ich gesagt? Blutsbande!

AZDAK *zu Grusche:* Was ist mit dir? Du hast nicht gezogen.

GRUSCHE Ich hab's nicht festgehalten. *Sie läuft zu Azdak.* Euer Gnaden, ich nehm zurück, was ich gegen Sie gesagt hab, ich bitt Sie um Vergebung. Wenn ich's nur behalten könnt, bis es alle Wörter kann. Es kann erst ein paar.

AZDAK Beeinfluß nicht den Gerichtshof! Ich wett, du kannst selber nur zwanzig. Gut, ich mach die Probe noch einmal daß ich's endgültig hab.
Die beiden Frauen stellen sich noch einmal auf.
Zieht!
Wieder läßt Grusche das Kind los.

GRUSCHE *verzweifelt:* Ich hab's aufgezogen! Soll ich's zerreißen? Ich kann's nicht.

AZDAK *steht auf:* Und damit hat der Gerichtshof festgestellt, wer die wahre Mutter ist. *Zu Grusche:* Nimm dein Kind und bring's weg. Ich rat dir, bleib nicht in der Stadt mit ihm. *Zur Gouverneursfrau:* Und du verschwind, bevor ich dich wegen Betrug verurteil. Die Güter fallen an die Stadt, damit ein Garten für die Kinder draus gemacht wird, sie brauchen ihn, und ich bestimm, daß er nach mir »Der Garten des Azdak« heißt.

Die Gouverneursfrau ist ohnmächtig geworden und wird vom Adjutanten weggeführt, während die Anwälte schon vorher gegangen sind. Grusche steht ohne Bewegung. Schauwa führt ihr das Kind zu.

Denn ich leg den Richterrock ab, weil er mir zu heiß geworden ist. Ich mach keinem den Helden.* Aber ich lad euch noch ein zu einem kleinen Tanzvergnügen, auf der Wiese draußen, zum Abschied. Ja, fast hätt ich noch was vergessen in meinem Rausch. Nämlich, daß ich die Scheidung vollzieh. *Den Richterstuhl als Tisch benutzend, schreibt er etwas auf ein Papier und will weggehen. Die Tanzmusik hat begonnen.*

SCHAUWA *hat das Papier gelesen:* Aber das ist nicht richtig. Sie haben nicht die zwei Alten geschieden, sondern die Grusche von ihrem Mann.

AZDAK Hab ich die Falschen geschieden? Das tät mir leid, aber es bleibt dabei, zurück nehm ich nichts, das wäre keine Ordnung. *Zu dem sehr alten Ehepaar:* Ich lad euch dafür zu meinem Fest ein, zu einem Tanz werdet ihr euch noch gut genug sein.* *Zu Grusche und Simon:* Und von euch krieg ich 40 Piaster zusammen.

SIMON *zieht seinen Beutel:* Das ist billig, Euer Gnaden. Und besten Dank.

AZDAK *steckt das Geld ein:* Ich werd's brauchen.

GRUSCHE Da gehen wir besser heut nacht noch aus der Stadt, was, Michel? *Will das Kind auf den Rücken nehmen. Zu Simon:* Gefällt er dir?

SIMON *nimmt das Kind auf den Rücken:* Melde gehorsamst, daß er mir gefällt.

GRUSCHE Und jetzt sag ich dir's: Ich hab ihn genommen, weil

ich mich dir verlobt hab an diesem Ostertag. Und so ist's ein
Kind der Liebe, Michel, wir tanzen.
Sie tanzt mit Michel. Simon faßt die Köchin und tanzt mit ihr.
Auch die beiden Alten tanzen. Der Azdak steht in Gedanken.
Die Tanzenden verdecken ihn bald. Mitunter sieht man ihn
wieder, immer seltener, als mehr Paare hereinkommen und
tanzen.

DER SÄNGER
Und nach diesem Abend verschwand der Azdak und ward
                                              nicht mehr gesehen.
Aber das Volk Grusiniens vergaß ihn nicht und gedachte
                                                            noch
Lange seiner Richterzeit als einer kurzen
Goldenen Zeit beinah der Gerechtigkeit.

Die Tanzenden tanzen hinaus. Der Azdak ist verschwunden.

Ihr aber, ihr Zuhörer der Geschichte vom Kreidekreis
Nehmt zur Kenntnis die Meinung der Alten:
Daß da gehören soll, was da ist, denen, die für es gut sind,
                                                            also
Die Kinder den Mütterlichen, damit sie gedeihen
Die Wagen den guten Fahrern, damit gut gefahren wird
Und das Tal den Bewässerern, damit es Frucht bringt.

Musik

APPENDIX A

These extracts are taken from Brecht's own notes to the play, published as *Anmerkungen zum 'Kaukasischen Kreidekreis'* in Bertolt Brecht, *Schriften zum Theater 6* (Frankfurt am Main: Suhrkamp, 1964), pp. 370–4.

Der Hintergrund und der Vordergrund

Es gibt im Englischen einen amerikanischen Ausdruck »sucker«, der genau sagt, was die Grusche ist, wenn sie das Kind übernimmt. Der österreichische Ausdruck »die Wurzen« bezeichnet etwas Ähnliches, im Hochdeutschen würde man zu sagen haben »der Dumme« (in dem Zusammenhang »man hat einen Dummen gefunden«). Ihr mütterlicher Instinkt liefert die Grusche den Verfolgungen und Mühen aus, die sie beinahe umbringen. Vom Azdak verlangt sie nichts als die Erlaubnis, weiter zu produzieren, das heißt »draufzuzahlen«. Sie liebt nun das Kind; ihren Anspruch leitet sie ab von ihrer Bereitschaft und Fähigkeit zur Produktivität. Sie ist kein »sucker« mehr nach diesem Prozeß.

Rat für die Besetzung des Azdak

Es muß ein Schauspieler sein, der einen völlig lauteren Mann darstellen kann. Der Azdak ist ein völlig lauterer Mann, ein enttäuschter Revolutionär, der einen verlumpten Menschen spielt, so wie beim Shakespeare die Weisen Narren spielen. Anders wird dem Urteil mit dem Kreidekreis alle Gültigkeit entzogen.

Palastrevolution

Die kurzen verhaltenen Kommandos, die hinten im Palast gegeben werden (in Abständen, davon leisere, um die Größe des
Palastes anzudeuten), müssen, nachdem sie den probierenden
Schauspielern geholfen haben, wieder abgestellt werden. Was
vorgeht auf der Bühne soll kein Ausschnitt sein aus einem
größeren Vorgang, das, was man von diesem gerade hier vor
diesem Tor sieht. Es ist der ganze Vorgang, und das Tor ist *das*
Tor. (Auch ist der Palast in seiner Größe nicht räumlich
darzustellen!) Was wir zu tun haben, ist: die Statisten durch gute
Schauspieler ersetzen. Ein guter Schauspieler ist gleich einem
Bataillon Statisten. Das heißt, er ist mehr.

(Der Weg in die nördichen Gebirge)

Wenn in der Szenenfolge *Der Weg in die nördlichen Gebirge*
(»Kaukasischer Kreidekreis«) gezeigt wird, daß die Magd, die
das gefährdete Kind gerettet hat, es loswerden will, wenn sie es
aus der unmittelbaren Gefahrenzone weggebracht hat, muß
man das nicht leichtfertig als selbstverständlich ansehen.
Zumindest in der Dramatik ist es nicht selbstverständlich, und es
wird immer, unterstützt durch die Angst vor der Länge des
Stücks, die Neigung auftauchen, den *Weg in die nördlichen
Gebirge* einfach zu streichen. Man wird argumentieren, daß
dann der Anspruch der Magd auf das Kind im späteren Prozeß
weniger gerechtfertigt wäre. Aber es kommt erstens nicht auf
den Anspruch der Magd auf das Kind, sondern auf den
Anspruch des Kindes auf die bessere Mutter an, und die Eignung
der Magd, ihre Zuverlässigkeit und Brauchbarkeit wird durch
ihr vernünftiges Zögern beim Übernehmen des Kindes gut
erwiesen. Beim ersten Blick könnte man ihr Verhalten so
betrachten: Freundlichkeit ist begrenzt. Da gibt es ein Maß. Es
gibt soundso viel Freundlichkeit, nicht weniger, nicht mehr bei
einem Menschen, und das Maß ist auch noch abhängig von der
jeweiligen Lage. Sie kann verbraucht werden, sie kann wieder-
hergestellt werden und so weiter und so weiter. Diese Annahme

ist verhältnismäßig realistisch, aber doch zu mechanisch. Besser folgende Betrachtung: Das Interesse für das Kind und das Interesse für die eigene Existenz und Wohlfahrt sind von Anfang an verbunden bei der Magd und im Widerstreit miteinander. Es gibt Kämpfe zwischen diesen Interessen, die soundso lange dauern, bevor sich die Interessen vereinen. Diese Annahme wird zu einer reicheren und bewegteren Darstellung der Rolle der Magd führen.

(Der Schauplatz des Stückes)

Der Schauplatz des Stückes sollte sehr einfach sein; die verschiedenen Hintergründe können mit einem Projektionsverfahren angedeutet werden, jedoch müssen die Projektionen künstlerischen Wert haben. Die Schauspieler der kleineren Rollen können jeweils mehrere Rollen zugleich spielen. Die fünf Musiker sitzen mit dem Sänger auf der Bühne und spielen mit.

Über eine »Kreidekreis«-Musik

Im Gegensatz zu den paar Liedern, die persönlichen Ausdruck haben können, sollte die Erzählermusik lediglich eine kalte Schönheit haben, dabei nicht zu schwierig sein. Es scheint mir möglich, aus einer gewissen Monotonie besondere Wirkung zu holen; jedoch sollte die Grundmusik für die fünf Akte deutlich variieren.

Der Eröffnungsgesang des ersten Aktes sollte etwas Barbarisches haben, und der unterliegende Rhythmus sollte den Aufmarsch der Gouverneursfamilie und der die Menge zurückpeitschenden Soldaten vorbereiten und begleiten. Der Pantomimengesang am Aktende sollte kalt sein und dem Mädchen Grusche ein Gegenspielen ermöglichen.*

Für den zweiten Akt (*Flucht in die nördlichen Gebirge*) bräuchte das Theater eine treibende Musik,* die den sehr epischen Akt zusammenhält: sie sollte aber dünn und delikat sein.

Der dritte Akt hat die Musik der Schneeschmelze (poetisch)

und in der Hauptszene den Kontrast der Trauer- und Hochzeits-
musiken. Das Lied in der Szene am Fluß hat die Melodie des
Liedes im ersten Akt (Grusche verspricht dem Soldaten, auf ihn
zu warten).

Der vierte Akt müßte die treibende verlumpte Azdakballade
(die übrigens besser piano wäre) zweimal unterbrechen mit den
zwei Gesängen des Azdak (die unbedingt leicht singbar sein
müssen, denn man muß den Azdak mit dem stärksten Schauspieler besetzen, nicht mit dem besten Sänger).

Im letzten (dem Gerichts-) Akt wäre eine gute Tanzmusik am
Schluß nötig.

APPENDIX B

This is an abbreviated version of a transcript of a tape-recording made at a rehearsal of the scene *Die Flucht in die nördlichen Gebirge* by the Berliner Ensemble for the 1954 production, the whole of which is published in Werner Hecht (ed.), *Materialien zu Brechts 'Der kaukasische Kreidekreis'* (Frankfurt am Main: Suhrkamp, 1968), pp. 64–9.

Grusche legt das Kind vor der Schwelle nieder und klopft an die Tür. Dann wartet sie versteckt hinter einem Baum, bis die Bauersfrau aus der Tür tritt und das Bündel findet.

DIE BÄUERIN: Jesus Christus, was liegt denn da? Mann!

DER BAUER *kommt*: Was ist los? Laß mich meine Suppe essen.

DIE BÄUERIN *zum Kind*: Wo ist denn deine Mutter, hast du keine? Ich glaube, es ist ein Junge. Und das Linnen ist fein, das ist ein feines Kind. Sie haben's einfach vor die Tür gelegt, das sind Zeiten.

BRECHT: Bei der kleinen Szene muß eine ganze Menge 'rauskommen. Also, Sie sehen da ein kleines Bündel vor der Tür liegen. Nun, das ist eine sehr ungesunde Sache, unter Umständen auch gefährlich. Das Kind kann ja jede Krankheit der Welt haben, Cholera, Pest, . . . Sie verstehen. So Leut sind mißtrauisch. Die nehmen auch einen Hund nicht einfach rein. Damit es richtig ist, lassen Sie es zunächst einfach mal liegen: Wer hat denn da was hingelegt? Sie sagen ganz lautlos: „Jesus." Das braucht niemand zu hören. Das sagen Sie normal ohne jeden Druck. „Was liegt denn da?" Ganz ungezwungen. Fremde Katzen, fremde Hunde, fremde

113

Kinder, das ist so 'ne Sache: ansteckende Krankheiten, Seuchen, sowas anlangen. Also bissel zögernd 'raufnehmen. Und dann noch mit dem: „Das ist ein Junge." Aber dann kontrolliert sie, stellt sie fest: Na, schmutzig? Nicht schmutzig. Wissen Sie, weg auch von sich halten. Wenn's krank ist, was dann? An sich: Kinder, die keine richtige Mutter haben, sind ja nix. Das sind Straßenköter, haben meistens einen schlechten Charakter, enden früh am Galgen. Das ist die Wahrheit für Sie. Jetzt kommt das erste mürrische Zugeständnis: „Das Linnen ist fein." Und jetzt das große Staunen: „Das ist ein feines Kind." Wie kommt das hierher? Das bestimmt wahrscheinlich auch ein klein wenig, daß Sie es behalten, verstehen Sie? Feines Kind, edles Kind, adliges Kind? Vielleicht gar: Prinz?

DER BAUER: Wenn die glauben, wir füttern's ihnen, irren sie sich. Du bringst es zum Pfarrer, das ist alles.

DIE BÄUERIN: Was soll der Pfarrer damit, es braucht eine Mutter.

BRECHT: „Was soll der Pfarrer damit?" Schau, Mensch, etwas Verstand ist doch auch für einen Mann nötig. „Was soll der Pfarrer damit?" Blödsinniger Vorschlag! Das ist nun bestimmt nicht die Mutter, der Pfarrer.

DIE BÄUERIN: Da, es wacht auf, glaubst du, wir könnten's nicht doch aufnehmen?

DER BAUER schreiend: Nein!

BRECHT: „Glaubst du, wir könnten's nicht doch aufnehmen?" Immer noch, als ob Sie ganz dagegen sind, selber eigentlich. Und dann verlieren Sie nicht zu früh Ihre Bedenken, Ihre eigenen. Sie überzeugen auch sich, daß das geht und daß es nötig ist. Warten Sie etwas mit „aufnehmen"! Schauen Sie: „Glaubst du, wir könnten's nicht doch . . ." Immer noch dagegen! „Glaubst du, wir könnten's nicht doch aufnehmen?" – Zum Darsteller des Bauern: Das ist auch noch zu gleichgültig. Schreit: „Nein! Nein! Nein!" Sie sind absolut dagegen. ,,Nein, Nein!'' sagen Sie. Unter keinen Umständen! Die Sache ist schon erledigt. – Nein, mit dem Kind lassen Sie sich bitte nicht ein. Sie dürfen es nicht anrühren. Sie müssen wirklich spielen den römischen Vater, das heißt: den Nicht-Vater.

DIE BÄUERIN: Wenn ich's in die Ecke neben den Lehnstuhl bette, ich brauch nur einen Korb, und auf das Feld nehm ich's mit. Siehst du, wie es lacht? Mann, wir haben ein Dach überm Kopf und können's tun, ich will nichts mehr hören.

BRECHT: Eigentlich: man versteht gar nicht, wieso nicht? Leicht! Leicht! Gar keine Angelegenheit. Diese Rumgerederei von ihm wegen 'nem Kind.* Ganz schnell: ,,Wenn ich's in die Ecke neben den Lehnstuhl bette . . ., und auf das Feld kann ich's mitnehmen . . .'' Also die Sache ist erledigt. So einfach ist es gar nicht. Aber Sie machen sich's ganz einfach. Er hat gesagt ,,durchfüttern'' – das kostet was, ,,aufnehmen'' – da sind die Ausgaben nicht drin. Sie hat das auf-ge-nommen. Aber Füttern und Kleider kaufen und Milch, dann kommen später: Schuhzeug . . . – davon ist jetzt aber nicht die Rede.

Die Bäuerin trägt es hinein, der Bauer folgt protestierend.

BRECHT: Vor Sie ihr folgen, schauen Sie ihr – es ist ein Überfall – ganz verdattert, ganz erstaunt nach, schütteln den Kopf und gehen hinein. Kleine Pause. Finster den Kopf schütteln: das ist toll! Wie soll man dann durchkommen? Erstaunt nachschauen, dann den Kopf schütteln über die Schwäche des weiblichen Geschlechts, und vor allem über die Schwäche des männlichen Geschlechts. – Das kann er nicht immer haben. Er kann nicht in beliebiger Menge fremde Kinder aufziehen. Das ist ausgeschlossen. Das ist schon ein größerer Vorfall. Katzen, ja gut, aber feine Kinder? Da müßte er eine Farm anlegen. Also ich würde da stehen bleiben, dann den Kopf schütteln und dann erst reingehen, damit man weiß: er wird auch da drin nicht mehr viel machen können. Der Fall ist entschieden. Die Stärke der Schwäche der Frau.

NOTES TO THE TEXT

3 **Nazitanks:** The German advance into Russia pene-
trated into the northern Caucasus in August 1942, at
the same time as the attack on Stalingrad. Their forces
were defeated in January and February 1943, and the
area was evacuated by the spring.

Ich habe das Feuer gelegt: I set fire to it, i.e. in accordance with a scorched earth policy in the face of the
original German advance.

»Rosa Luxemburg«: The actual name of a kolkhoz
near Tblisi. Rosa Luxemburg (1870–1919) was a celebrated socialist revolutionary, who took part in the
Russian revolution of 1905 and played a leading role in
the German revolution of 1919.

»Galinsk«: an invention by Brecht.

4 **Arbeitshände:** i.e. people capable of work.

Tod den Faschisten!: Death to the Fascists!, i.e. to the
Germans who have just evacuated the area.

Ist der als Beeinflussung gedacht?: Is that intended to
influence our decision?, i.e. as a bribe.

5 **der Boden begeht sich da leichter:** the ground feels
easier to walk on there.

den Fürsten Kazbeki: Assuming that the old man is of
a great age, this statement could be taken to refer to the
period before the liberation of the Russian serfs by
Tsar Alexander II in 1861.

ob sie noch stimmen: (to see) whether they are still cor-
rect, i.e. after the recent upheavals. In the earlier ver-

116

sion, in which the *Vorspiel* was set in 1934, these words referred more obviously to the re-examination of values following the 1917 Revolution.

Ist es etwa gleich: Does it not matter at all?

6 **das ist kein Handel hier:** we are not here to trade, i.e. bargain.

Partisanen: Brecht is referring here to the vigorous partisan activities behind the German lines in the winter of 1942/3.

7 **Majakowski:** Vladimir Mayakovsky, a well-known poet of the Russian Revolution of 1917, who was born in Georgia in 1893.

Ich lasse mir nicht die Pistole auf die Brust setzen: I'll not have a pistol held at my head. A representative of the more traditional principles, he regretfully acknowledges the persuasive argument of the new project — sketched out in pencil, hence the joke in the next speech.

8 **du bist selber der Schlimmste mit:** you are the one who are most keen on . . . .

Was ist mit meinem Protokoll?: What am I to put in my report?

Man kann ihn übrigens nur sehr schwer bekommen: By the way, he is very hard to get.

9 **die alten Masken:** A reference to the ancient Chinese masks, which were a traditional feature of the Chinese theatre.

10 **Das hohe Kind:** *hoch* here in the sense of 'high-born'.

mit Zetteln: i.e. slips of paper as markers in his text.

»die Verdammte«: The *Sänger* here speaks like the chorus of a Greek tragedy, foretelling the doom of the 'City of the Damned' (recalling the fall of Babylon, *Revelation*, Chs. 17–18).

der Krösus: Croesus, king of ancient Lydia, of legendary wealth.

11 **Er stirbt mir vor Hunger:** Presumably spoken by a woman, referring to her starving child.

Hinter dem Gouverneurspaar: i.e. the governor and his wife.

gingen keinen Schritt von . . .: never left (the child's) side.

Ein Reiter sprengt heran: This is the first indication that underneath the superficial and casual bonhomie of the governing family's Easter celebrations there is a second, more serious level of action. The rider apparently has bad news concerning the war which the Grand Duke and his governors are waging with Persia, but the Fat Prince also seems to suspect that the rider may have come to warn the governor of the coup which is about to be mounted by the princes.

12 **die von unserm . . . angegebene:** that specified by . . . .

meine Leber sticht, dem Doktor 50 auf die Fußsohlen: my liver only has to hurt, and the doctor gets 50 strokes on the soles of his feet. But far from criticizing the severity of this 'punishment', Kazbeki would wish to revert to the previous, even harsher practices.

13 **während der Reiter mit einem Fluch in das Palasttor geht:** The rider's curse at not being received by the governor is a further indication that he had possibly come to warn him about the princes' intentions.

ich versteh was von Gänsen: I know something about geese. One of the many examples of colloquial style, with omission of short, unstressed syllables.

14 **Wenn manche wüßte . . . würd ihr heiß:** A proverbial saying, suggesting that if Grusche knew that he had been watching her, she would have been both annoyed and excited.

vis-à-vis: opposite. Note Simon's charming mixture of polite, and here rather affected language, and the cheeky insinuations of his sexual interest in her.

denn sonst ist nichts: for nothing else happened.

15 **Aus dem Portal links . . .:** This is the Fat Prince's own contribution to the coup, the swift taking of the gover-

nor's palace by his *Panzerreiter* ('armoured cavalry-men', usually rendered by translators as 'ironshirts').

16 **wegen ihnen:** i.e. the governor is undertaking his building projects as a positive demonstration of his invulnerability to the vicissitudes of the war in Persia, as well as expressing his sense of security among his own people.

17 **Die angesprochenen Panzerreiter der Palastwache gehorchen nicht:** The treachery of the governor's own palace guard ensures the success of the coup.

wir machen uns besser dünn: we'd better make ourselves scarce.

Sie wandeln wie Ewige/Groß auf gebeugten Nacken: They walk like gods over the bent backs (of their subjects). C.f. **jemandem den Fuß auf den Nacken setzen:** to bend someone to one's will.

Geruhe, aufrecht zu gehen!: Deign to walk with your head held high (meant ironically).

18 **Der stürzende Wagen . . . in den Abgrund:** The image of the plunging carriage dragging the sweating draught-horses into the abyss expresses Brecht's sympathy for the working masses, whose fates are dependent on the rich and mighty.

In der Stadt soll schon Blut fließen: They say there is bloodshed in the town already. C.f. below: **soll . . . bekannt geworden sein.**

19 **Mit mir ist nichts:** It doesn't matter about me, but then Simon falls back into the charmingly formal style he used occasionally during their previous encounter. In this more serious scene his cheeky and playful manner is entirely absent.

Ist das Stechen etwa gefährlich für das Messer?: Is stabbing dangerous for the knife?, one of the play's many folksy, proverbial sayings, indicating the absence in Simon of any fear of his duty as a soldier.

20 **Was geht dich die Frau an?:** What is the lady to you? **ungeduldig veranlagt:** of an impatient disposition.

wenn in den Krieg gegangen wird: if a man goes to war. The use of the impersonal passive construction is appropriate to the formal style of the conversation, parts of which are conducted in the third, rather than the first person.

Eile heißt der Wind . . . haben keine Eile: The sense of the two sayings is: 'I'm aware that haste is a threat to any new enterprise when it is just beginning (like building a marriage), but I know that poor people don't have time to play with.'

Piaster: the piastre was the unit of currency in Turkey up to the First World War, and was widely used in neighbouring territories.

22 **Ich weiß nicht, wo mir der Kopf steht:** I don't know whether I'm coming or going.

Du läßt dir Zeit, wie?: You've been taking your time, haven't you?

23 **Nichts im Kopf, als dem Adjutanten Augen drehen!:** All you think of is making eyes at the adjutant.

zu dem Grünen: to go with the green brocade dress.

Der Richter . . . ist soeben von aufständischen Teppichwebern gehängt worden: The uprising of the carpet weavers is treated in greater detail in Scene 5.

das Weinfarbene: i.e. her wine-coloured dress.

25 **Wie Milch und Blut bei der Morgenmette:** He looked all lilies and roses at matins.

Sogar das Beweinen müssen sie von anderen machen lassen!: They (i.e. nobles such as the governor's wife) even have to have their mourning done for them by others.

schlachten sie einander familienweise ab: they slaughter each other in whole families (i.e. to the extent that not even the servants escape).

26 **die Hellste bist du nicht:** you're not the brightest of girls.

Sieh zu, daß du durchkommst: Make sure that you get away. **Durchkommen:** (usually) to get by, pull through (of the sick), which is what Grusche subsequently manages to do with Michel, but here it is clear that the cook is urging Grusche to leave the child and save her own skin.

der man alles aufladen kann: who gets landed with everything.

27 **Schade ist nur, daß sie den Balg weggebracht haben:** The escape of the governor's family, apparently with the heir, is the only dark cloud on Kazbeki's horizon, but ironically he does not realize that the child is lying asleep close by.

So jedenfalls war's ihr: At least, so it seemed to her.

verstörten Ohrs: i.e. so distraught that one is deaf to the cry for help.

beim Angelus: when the angelus rings (the bell reminding the faithful to say the Angelus prayer in celebration of the Incarnation). In this context it means the end of the working day. More appropriate to a Roman Catholic than Orthodox background.

30 **Sosso Robakidse:** Brecht's own invention. Grusche's little song is simply meant to evoke Georgia's traditional struggle to maintain her independence against Persia, by celebrating a national hero.

Die Herren Soldaten . . . haben unsere Ziegen: An indication that the coup has brought such disorder that the Panzerreiter are indulging in indiscriminate plunder and looting.

für ein »Vergelt's Gott!«?: for nothing? **Vergelt's Gott:** (South German and Austrian) thanks very much, (literally: may God reward you for it).

wie bei Fürstens: as princes do.

Den Kopf in den Wolken, den Hintern im Wasser!: If you have your head in the clouds, you'll find yourself with your bottom in the water, i.e. she is reassuring the farmer that she is practical enough to know that things have to be paid for.

31 **Die Milch muß aber anschlagen:** The milk had better

do the trick (i.e. satisfy him).

eine Halsabschneiderei: extortion (really cut-throat).

Das ist ein teurer Spaß: That has cost us a pretty penny.

wir haben unser Geld mit dem Arsch verdient: we have earned our money sitting on our backsides, i.e. she has been taken for one of the idle rich.

Karawanserei: caravanserai, an inn in the East with a spacious courtyard, where travellers and their camels may be accommodated.

gekleidet in den Brokatmantel: Grusche here consciously acts the role of a member of the wealthy classes.

32 **bei den Behörden mißliebige Personen:** people who have fallen out of favour with the authorities.

besondere Vorsicht walten lassen muß: must be particularly cautious. The innkeeper resorts to an official, bureaucratic style when he has to be unpleasant to would-be customers.

33 **halsabschneiderisch:** extortionate, cut-throat (of prices). The innkeeper then plays on the literal meaning of the expression.

Igor: Presumably the elder lady's husband, about whose fate she is obviously sensitive (from **Müssen wir von Hälsen reden?**, above). Similarly the younger lady's husband has been given a severe flogging by the insurgents (see p. 34).

34 **Wie werden wir etwas Lagerähnliches herstellen?:** How can we make some kind of bed?

Zu mehreren hilft man sich immer leichter durch: Many hands make light work.

Liebe Anastasia Katarinowska: Throughout this episode Grusche has continued in her role, identifying herself here as a relative of the deposed governor and using some of the speech mannerisms of her own former mistress. But in referring to the child as Michel Georgiwitsch (Michel, son of Georgi), she is in danger of betraying its identity.

auf die Dienstboten ist doch kein Verlaß: the servants can't be trusted.

was du im Schilde geführt hast: what you have been up to.

35 **Jetzt ist es heraußen:** Now we know.

wie die Wurst im Spinde: like the sausage in the cupboard. The whole phrase is roughly equivalent to 'make yourself scarce'.

Und sie nageln eure Köpfe schon an die Mauer!: Grusche is outraged that instead of joining forces with those who are likewise in adversity, the people who have been deposed in the coup are still behaving as selfishly and callously as ever.

36 **Trau, schau, wem:** Proverb: (literally) 'make sure he can be trusted first'. Closest English equivalent: 'look before you leap'.

37 **aus dir kann nichts werden:** nothing will ever come of you.

du bist nicht mit dem Herzen dabei: your heart's not in it.

Wie ich's der Dicken gemacht habe: As I was raping that fat woman.

anstandshalber: for the sake of decency (ironic).

Du bist wie das leere Stroh oder wie die klingende Schelle: To express his disgust at his subordinate's lack of enthusiasm for their unsavoury activities, the corporal uses an image derived from the phrase **leeres Stroh dreschen:** to indulge in empty talk, do useless work (c.f. **Strohkopf:** blockhead), and the biblical image of the tinkling cymbal (I Corinthians 13:1).

Zieh ins Feld ich traurig meiner Straßen: When I go sadly off to war.

mit Leib und Seele dabei: with his heart and soul.

Mit brechendem Auge: As his eyes grow dim (as he dies).

38 **So werden sie nicht auf dich kleinen Dreck aus sein:** They won't be so keen to get hold of a little squit like you.

daß ich gut lauf: to make me go faster.

40 **Ich mache immer Rückzieher, da bin ich verläßlich:** I always withdraw, I can be relied upon to do that. The soldier's pun on Grusche's **Rückzug** (retreat, withdrawal) has an obvious sexual implication, as also does his use of **Spieß** and **Schlüssel** below.

Wir müssen damit heraus, daß wir ehrliche Absichten haben: We must make it clear that we have honourable intentions.

ich will von dir ein Kind haben: i.e. in the (honourable) sense of seeking the child Michel, as Grusche immediately understands.

42 **Da würdest du ihn schön zusammenstauchen:** You wouldn't half tell him off.

So als ob ich mir was denken könnt mit uns: As though I thought there might be something going for us.

44 **Mußt dich . . . /Halt mit mir bequemen:** Because there was none other (available on) that dark day in a lean year, (you) must simply put up with me. A good example of the elliptical qualities of Brecht's poetic style.

(Wollt dich nicht mehr missen): (I) could not do without you.

(Mußt es überstehen.): (You) must endure it.

45 **Ist da etwas faul mit dir?:** Is there something fishy about you?

46 **Mitgegangen, mitgehangen:** A variation on the proverb **mitgefangen, mitgehangen:** cling together, swing together.

Kriegst von vieren drei: i.e. you will get three out of every four morsels that I can find.

47 **Der Sohn des Tigers . . . /Bringt Milch zu den Müttern:** A hopeful proverb, with an oriental flavour, but in the same spirit as the Song of Isaiah: 'The wolf also shall dwell with the lamb, and the leopard shall lie down with the kid; and the wolf and the young lion and

the fatling together; and a little child shall lead them.'
(Isaiah 11:6).

49 **Die Städter müssen immer irgendwas haben:** Towns-
people always have to have something going on.

Wir müssen etwas ausfinden: We shall have to think
of something (he has presumably not yet thought of the
scheme involving Jussup).

Ofenbank: Bench in German households built around
the heating stove.

Kalt bekommt's dir nicht: Cold meat does not agree
with you.

51 **Stürz dich nicht vor den Krieg/Und fahr nicht hinter
dem Krieg:** Don't plunge into the front line, and don't
bring up the rear.

52 **Pope:** German for Russian Orthodox priest.

Die Leute brauchen noch . . . da ist sie schon ängstlich:
People only have to mention the farm and she gets
worried.

Das Glockenspiel der fallenden Tropfen: The meta-
phor of the chiming of bells to denote the sound of
melting snow (sometimes played off-stage on a xylo-
phone) is used here to capture the mood of the arrival
of spring.

53 **Er macht seinen letzten Schnaufer:** He's about to
breathe his last.

»ein Mann überm Berg«: here a deliberate pun on the
English meaning of the phrase 'over the hill'.

Und als du zu ihm kamst: Lavrenti uses the past tense
as he projects himself forward to a point in time when
he will report on these (future) events after they have
occurred.

Milchgeld: i.e. the money Aniko makes from selling
milk.

wie der Birnbaum zu den Spatzen: I am landed with
you like the pear-tree with the sparrows (she is
grumbling).

54 **Fliegenschleier:** fly-net, from *Schleier:* screen, usually

Fliegennetz. Note the swift passing of time. From the spring thaw of the previous scene we are now already into high summer, with the maize ready for harvesting.

Schnell, schnell, sonst kratzt er uns ab: quick, quick, otherwise he'll snuff it.

Was macht das aus?: ambiguous: How much does that come to? (i.e. in terms of extra cost) *or* What does that matter?

Ihm kann es gleich sein: It's all the same to him.

sie leiht mir wirklich eine Hand: an Anglicism, usually **mit Hand anlegen**.

Jetzt kriegen wir das ganze Dorf . . . mit Jussup zu Ende geht: Now we'll have the whole village on our backs if they get wind that Jussup is nearly dead (i.e. she had been trying to keep the arrangement quiet).

55 **Da haben wir's**: Now we're for it.

auf Lateinisch: That the monk speaks in Latin is suggestive of a Catholic, rather than Orthodox background.

57 **Wo kann das dem Jussup passiert sein?**: How can Jussup have managed that?

Jedenfalls hat sie das Glück gehabt . . . schlecht dran ist: At least she's managed to get married with him in such a bad way.

und ich hinaus, wer es ist: and I went out to see who it was.

Der Bräutigam ist schon gewaschen, und die Braut ist schon scharf: The bridegroom is already washed (for laying out), and the bride is randy.

57-8 **Denn im Brautbett . . . aus dem er gemacht ist, Amen**: The drunken monk appropriately uses terms and phrases associated with both a marriage and a funeral to express the ambivalence of the situation.

58 **er ist auch danach**: and that's just what he's like (i.e. cheap).

der steht sogar im Geruch der Heiligkeit: he is even surrounded by an aura of sanctity (has an obvious holiness about him).

der nimmt ein Vermögen: he costs a fortune.

du bringst mir noch drei auf den Hals?: you're saddling me with three more?

was trommelst du in alle Welt hinaus, Trommelchen?: little drum, what (news, information) are you beating out into the world?

59 **Das Tanzbein oder das Tanzgebein?:** A pun on the expression **das Tanzbein schwingen:** to dance, shake a leg, and **das Gebein:** skeleton, bones, referring to Jussup's supposed condition.

es kommt auf die Heirat an: it's just for the sake of getting married.

Und war es ihr zum Scherzen . . . aus dem Ehkontrakt: And when she felt in the mood for some fun, she wriggled out of the marriage contract.

Geeigneter sind Kerzen: Better make do with candles.

Der Persershah ist doch der Feind des Großfürsten: The Grand Duke and his governors had previously been at war with the Shah (from Scene 2), but as a representative of the ruling classes the Shah has recognized that it is in his own best interests to help the Grand Duke regain his authority in Grusinia and restore order, following the internal chaos resulting from the princes' coup (to be depicted in Scene 5).

61 **Totenessen, das könnt euch passen:** The funeral meal, that would just suit you.

Das ist ein Strich durch deine Rechnung, wie?: That's spoilt your plans, eh?

der mit Strohmatten flicken spielt: who is playing at mending straw mats.

62 **Ich würd mich wundern, wenn mit dir nicht was los wäre in der Stadt:** I shouldn't be surprised if you hadn't been up to something in the city.

und da wäre auch noch der Weg: and it's a long way too.

so heißt es im Kalender bei uns: that's what it says in our almanack. In the Germany of the seventeenth and eighteenth centuries the *Kalender* was the only regular reading of lower-class households beyond the Bible, containing stories and popular sayings with a didactic bias in simple down-to-earth language.

63 **Mit gehenden Monden:** As the moons (months) went by.

das Kopfab-Spiel: the Heads-Off game.

64 **Das Entenjunge ist ein Schwimmer:** The duckling can swim from birth. Grusche is jokingly attributing Michel's refusal to play the Heads-Off game to his hereditary feelings.

Tapferkeit, sagte der Küchenjunge; Glück, sagte der Held: Grusche's comment suggests Simon is being modest in attributing his survival to good fortune rather than courage.

65 **Und Logis:** Including lodgings. As Simon remarks, Grusche significantly knows where the soldiers' married quarters are.

So ist die Tür noch in den Angeln: So the door is still on its hinges? (i.e. everything is in its proper place?). Simon is trying to discover if their former arrangement still stands.

66 **starb an einem Rauch:** i.e. was asphixiated.

Feuer schlugen sie auf meinem Nacken: They poured fire down upon my neck. The phrase has a biblical ring.

wenn der Wind einmal weht, weht er durch jede Ritze: If the wind starts to blow, it blows through every crack; roughly equivalent to: it never rains but it pours.

gewartet worden ist nicht: Impersonal construction referring to Grusche's failure to wait for Simon.

67 **Hatt' es abzutun nicht das Herz:** I did not have the heart to reject it.

Panzerreiter: Not the two who have previously been pursuing her on behalf of Kazbeki, for the political situation has meanwhile again been reversed.

68 **der weitergetrottet ist . . . durchtrotten:** The figure of

the fugitive Grand Duke is a caricature of an aristocrat, weak, frightened and lacking in resourcefulness.
As Ritchie comments (*Brecht: Der kaukasische Kreidekreis*, p. 37): 'He is beyond thought or reasonable
action, and instead simply trots around blindly trying
to bribe his way to safety.'

69 **Nur einen hochwohlgeborenen Stinker . . . Dich nicht:**
We have to put up with honourable stinkers, but not
with the likes of you. In view of the identity of Azdak's
'guest' this remark is highly ironic. Like the following
one, it suggests that there is one law for the rich, and
another for the poor, and that in the field of human
manners and hygiene it is paradoxically the rich who
are the worse behaved.

Bazar: oriental market.

Bin verfolgt, etc.: The fugitive's clipped, elliptical style, involving the omission of pronouns and
articles, and which Azdak parodies below and later
(pp. 78–81), follows, according to Ritchie (ibid.,
p. 36), a pattern fixed by the class to which he belongs,
namely the ruling class with its (Prussian) military
mannerisms.

**Der Gebissene kratzt sich die Finger blutig . . . Proposi-
tion:** Azdak feigns disgust that this 'leech' (*Blutegel*)
should dare to make a proposition to one of the
exploited poor (*der Gebissene*) who works his fingers
to the bone.

Verstehe Standpunkt, Überzeugung: (I) understand
(your) point of view, (you have) convictions.

71 **wie kann ich wissen, daß sie sich nicht irren in dir?:**
Azdak is suspicious that although his fugitive is
pursued by the police, he may really be an aristocrat.

für was er nix gekonnt hat: something he couldn't help
at all.

wie der Pontius ins Credo: as Pontius Pilate got into
the Creed. The fugitive in Azdak's hovel (who appears
to be of noble birth) and the Turkish landowner are

associated with each other in Azdak's mind by the paradox that they are pursued by those of their own class. Thus he feels that they are no more deserving of the honour of their 'punishment' (which is usually reserved for the lower orders) than is Pontius Pilate of the honour of being included in the Creed. These somewhat complex comparisons are intended to underline Azdak's sympathies for the common people and hostility towards the ruling classes.

hängt ein Mann in Richterrobe: This is the judge Illo Orbeliani, hanged by the carpet-weavers who have taken advantage of the unstable political situation following the fall of the Grand Duke and the governors, to rise in revolt.

72 **dieses Dokument:** We are not informed as to the precise nature of this document, but it may be the Grand Duke's promissory note of 150,000 piastres for giving him shelter.

der Gezeichnete: the marked man, i.e. Azdak himself, 'marked', or branded by the fact that the document is addressed to him.

Damit ich allem gleich zuvorkomm: So that I can anticipate the whole thing (i.e. his arrest and trial).

Profoß Werber: conscription officer (an amalgamation from **Profoß:** army police officer and **Werber:** army recruiting officer.

Patriarch: Title given to the bishops of eastern Orthodox churches. Azdak clearly assumes that all organs of authority of the former regime have been removed and that the people now rule.

73 **Wesire:** Vizier was a title granted to ministers of state in Turkey and Persia.

Urmisee: Lake Urmi is a large lake in northern Persia.

75 **die »persische Krankheit«:** i.e. the 'revolutionary disease', but as Azdak is now informed, the revolution of the carpet-weavers has been short-lived, having been brutally suppressed by Kazbeki's ironshirts.

NOTES TO THE TEXT

daß du im Trüben fischen kannst: to fish in troubled waters. The Panzerreiter are naturally suspicious of the revolutionary sympathies which Azdak has exhibited.

Die Panzerreiter schleppen den schreienden Azdak
76 **zum Galgen:** The Panzerreiter go through with the charade of pretending to hang Azdak, but it is not precisely clear why they then let him go (see Introduction, p. xxix).

haben unsere Teppichweber . . . einen Aufstand anzuzetteln: our carpet-weavers, those eternal agitators, have had the nerve to instigate a revolt.

wenn erst der Großfürst geschnappt ist . . . in den Arsch zu kriechen: and as soon as we've caught the Grand Duke, we don't have to suck up to this rabble any more. This comment and that of the Panzerreiter below explain Kazbeki's unexpectedly conciliatory behaviour toward the common soldiers. He needs their support to sustain his position.

77 **eine Hetz ist eine Hetz, und das wird eine Hetz:** a lark's a lark, so let's enjoy it. **Die Hetz:** Bavarian dialect for **der Jux:** prank, lark.

Gouverneurssau: governor's sow (i.e. Natella Abaschwili).

ist weg wie nix: goes up in smoke.

77–8 **Ihr würdet nicht eine Kanne Wein ausprobieren . . . der Wein weg:** You would not want to try out a tankard of wine by giving it to a dog to drink, good grief, he'd lap up the lot. Azdak means that only a properly appointed judge may dispense justice on *real* criminals. Hence his suggestion for an 'unofficial' simulated test with an imaginary criminal. On the other hand, throughout his speech he is being sharply ironic, deliberately exposing the formalities of the law by making them appear ridiculous.

78 **Ich mache euch den Angeklagten:** I'll play the role of the accused.

131

wer ist gekommen, der Langsamläufer oder der Schnelläufer?: A variation on the fable of the tortoise and the hare, but the nephew's reply suggests he knows he cannot obtain the position by giving an honest display of his ability (**der Leisetreter:** mealy-mouthed person, pussy-foot).

79 **vom geschmacklichen Standpunkt aus:** from the point of view of good taste.

Verknall ihn (colloquial): give it to him.

Verlange Onkel Kazbeki als Zeugen: Azdak's point during the mock interrogation is that the Grand Duke is no more guilty of what he is accused of than the princes who have toppled him from power.

80 **in geklippte, zackige Sprechweise zu verfallen:** i.e. the clipped, snappy manner of speech used by the Grand Duke in Azdak's hovel, and which Azdak has been parodying.

Können nicht angestellt werden . . . heulen wie Wolf: You cannot be set up as the watch-dog (i.e. as the judge) if you howl like a wolf (i.e. speak like the Grand Duke).

81 **als welches nicht anwesend vor diesem Gericht:** which is not present in this court.

ein Flaschenkorb aufgesetzt: A small basket used for serving wine bottles is placed on his head.

82 **Ich behalte mir vor . . . in Strafe zu nehmen:** I reserve for myself the right to punish one of the parties here for contempt of court (i.e. for not giving him a bribe. **Ich nehme:** I am ready to receive).

83 **Ein guter Arzt täuscht sich nicht:** A good doctor does not make mistakes, usually with regard to his diagnosis, but here to his claim to have been unaware that he had not been paid.

eine mittlere Galle zu einer Goldquelle gemacht: turned a middling gall-bladder into a goldmine.

84 **was willig ist nicht billig . . . Katze im Sack:** i.e. a compliant judge is not cheap, an expensive one is not to

be trusted, and if you go to law, you will find yourself buying a pig in a poke.

Darum bitten wir 'nen Dritten: So we ask a third alternative.

86 **und es geht dir bei Gericht durch?:** and expect to get away with it in court?

sie litten/Nicht mehr gar so viel Gibher und Abgez-wack: They no longer had to endure the extortionate demands of the rulers (**abzwacken:** to squeeze).

Gut versehn mit falschen Maßen: With a right supply of wrong measures (i.e. for dispensing justice).

sein Zeichen war die Zähr' aus Siegellack: his judgements were sealed by a waxen tear (i.e. of the rich − translation by James and Tania Stern, p. 77).

Wozu all der Predigtplunder: What is the point of all this preaching nonsense? The next case is intended to mock the Christian ethic 'Thou shalt love thy neighbour', or at least as it is practised in this pre-revolutionary society. The rich farmers normally show no generosity to their poor neighbours, so that when a peasant woman acts as a receiver of stolen cows and hams for a bandit, she, with Azdak's help, can give a distorted version of the situation, presenting it as a miracle brought about by Saint Banditus, who has inspired the farmers to a change of heart. As the case reveals, the bandit's axe can be more persuasive than the Christian message.

89 **wolle uns Verdammte gnädig beurteilen!:** please be merciful when you pass sentence on us who are the damned. Azdak sees in the old lady the embodiment of the spirit of the oppressed people of Grusinia. In his position as judge he includes himself amongst the authorities responsible for her plight, on whom he is inviting her to pass judgment.

Den die leere Hand bestochen: Who could (paradoxically) be bribed by empty hands.

90 **Ich habe dich . . . in der eisernen Kandare der**

133

Vernunft gehalten: I have kept you on the tight rein of reason (literally: on the iron bit).

Lied vom Chaos: According to Ritchie ('The roots of chaos: An Egyptian source for the *Caucasian Chalk Circle,*' *German Life and Letters*, NS XXXI (1977 – 8), 87 – 96), Azdak's revolutionary song has its origins in an ancient Egyptian poem, translated by the Egyptologist Adolf Erman.

Sie Opferkästen aus Ebenholz werden zerschlagen: The ebony poor boxes are destroyed. Azdak's song celebrates a time when such humiliating institutions will no longer be necessary.

Sesnemholz: usually **Sesamholz:** sesame wood.

91 **wer sich Kornspenden holte, läßt jetzt selber austeilen:** those who relied on charity for their corn now distribute it themselves.

Ich werde jetzt besser nachschlagen . . . teuer zu stehen kommen: I had better now consult the book, to see what they can do me for. For I have turned a blind eye to the crimes of the have-nots, and I shall pay dearly for it, i.e. now that order has been restored in the form of the return of the Grand Duke.

das ist faule Sprache: that's a bad business.

93 **Verruf's nicht:** Don't belittle your chances.

94 **das . . . braucht nicht eingerieben zu werden:** you needn't rub that in. An Anglicism, usually: **etwas ihm unter die Nase reiben**.

95 **Sonst müßt er zugeben, er war hinter dem Kind her:** The unexpected turn in political events is at least partly fortuitous for Grusche, for the ironshirt can now seek no personal revenge on Grusche for the injury he suffered in Scene 3.

96 **»Nimm du sie!«: sie** refers to Azdak himself (Justice personified), as he is thrown about between them.

97 **Seine Gnaden:** i.e. Azdak, who has already held the office to which he has fortunately been re-appointed.

98 **Nichts für ungut:** No offence.

Einen Stiefel zum Lecken, gelegentlich: An occasional boot to lick. Azdak ironically admits that to save his own skin, he will crawl to the re-established authorities (he is also being sarcastic concerning the *Panzerreiters'* opportunism).

Hol mir von dem Roten, Süßen: Fetch me some of the red wine, the sweet one.

»Ein Brunnen läßt sich nicht mit Tau füllen«: A well cannot be filled with dew'. Simon fears that he and Grusche have not enough to offer in the way of bribes.

99 **nach bestem Wissen und Gewissen:** to the best of my knowledge and belief.

100 **die Verfügung über die sehr großen Abaschwili-Güter erhält:** will receive the right to dispose of the extensive Abaschwili estates.

101 **daß ich vor einem Richterspruch . . . hingerochen hab:** that before passing judgement I went out and smelt a rose.

102 **Als sie das Roß beschlagen kamen . . . der Furz hat keine Nase:** The exchange of proverbs between Azdak and Simon represents a battle of words and ideas, in which Simon, through the images of the dung-beetle, the fisherman and the unscrupulous tsar, accuses Azdak of presumptuousness, of being concerned primarily with his own profit, and of betraying his kind; in his defence Azdak implies that it is better to take some sort of profit than none, whatever its source, and that he behaves as he does in the interests of self-preservation, even though it involves a betrayal of his principles.

Zarewitsch: tsarevitch, eldest son of the reigning tsar.

Das ist eine saubere Justiz: That's a fine sort of justice (ironic).

uns verknallst du: you're clobbering us.

daß ihr's auf den Deckel kriegt: that you should get it in the neck.

103 **Weil du der da das Kind zuschieben willst . . . wie sie**

135

es trockenlegt! Because you are going to hand the child over to her, when she is too refined to know how to change his nappies.

wie der gesprungene Jesaja auf dem Kirchenfenster: like the cracked (depiction of) Isaiah on the church window.

Wanzen: bed-bugs, i.e. the rich who, she feels, have illegally taken over the houses.

104 **daß du was für Gerechtigkeit übrig hast:** that you have a soft spot for justice.

105 **Wird es müssen den Hunger fürchten . . . nicht das Licht:** So let him fear hunger, rather than hungry people, the darkness of night, rather than the light of day, i.e. the kind of things that ordinary mortals fear, rather than those feared by unpopular rulers.

107 **Ich mach keinem den Helden:** I shall not play the hero for anyone.

zu einem Tanz werdet ihr euch noch gut genug sein: you'll still be able to stand dancing with each other.

Appendix A

111 **dem Mädchen Grusche ein Gegenspielen ermöglichen:** make it possible for Grusche to respond similarly in her acting.

eine treibende Musik: i.e. dynamic music, conveying the urgency of the situation.

Appendix B

115 **Diese Rumgerederei von ihm wegen 'nem Kind:** All this silly talk from him just because of a child.

SELECT VOCABULARY

abgegriffen worn, well-thumbed (book)
abgemagert emaciated
abgerissen ragged
abgetragen dilapidated
der Abgrund precipice
abhalten to prevent
abhängen von to depend on
abhauen to clear off (sl.)
abkommandieren to assign
ableiten (von) to derive (from)
abschlachten to slaughter
absprechen to disallow
der Abstand interval
abstechen to kill
die Abtretung renunciation
der Abtritt toilet
die Aburteilung trial
abwinken to give a sign of refusal
der Acker field
der Ahorn maple tree
die Ahornbrühe maple juice
allerhand all kinds of things
die Amme wet-nurse
die Amsel blackbird
amtieren to officiate, hold office
anbauen to cultivate
anbeißen to nibble at, scrutinize

in Anbetracht (+ gen) in view of
einen Anfall bekommen to have an attack, fit
der Angeklagte the accused
keine Angelegenheit no trouble
der Angesehene distinguished man, noble
anhalten (*zu* + dat) to encourage (to show)
anlangen to arrive
anlegen to lay out
anleuchten to light up
die Annahme assumption
anpfeifen to tick off (sl.)
anrücken to advance, approach
einen Anschlag machen auf, to mount a coup against
sich anschließen to join
der Anspruch (auf) claim (to)
anstieren to stare at
der Antlitz face
einen Antrag stellen (ablehnen) to put (reject) a proposal
antreffen to find, come across
der Anverlobte fiancé, betrothed
der Anwalt lawyer
die Anweisung order, instruction
auf Anzeige von on the denun-

ciation of
der Arsch backside, arse (sl)
　aufbrechen to set off
　aufbringen to produce
　aufdecken to expose
　auffahrend vehement,
　annoyed
sich aufführen to behave
　aufklären to clarify
　aufknüpfen to hang
　aufrichten to help up
sich aufrichten to sit up
　aufsässig rebellious
　aufschlagen to go up (prices)
　aufspießen to run through,
　spear
der Aufstand uprising
　aufständisch rebellious
　aufstellen to nominate, make
　(an assertion)
die Aufstellung formation, position
　auftauchen to appear suddenly, arise
　auftreiben to find, get hold of
　ausbitten to insist on
der Ausbruch outburst
　ausdauernd persistent
die Ausflucht excuse, pretext
die Ausführung statement
sich Ausgaben machen to incur
　expenses
　ausliefern to hand over
　ausmerzen to eradicate
　auspeitschen to whip, flog
　ausrotten to exterminate
die Aussage statement
der Aussatz leprosy
　ausschauen nach to look out
　for
der Ausschnitt extract
　aussetzen to abandon, expose,
　suspend, put off
die Aussichten (pl) prospects

ausstoßen to expel, utter (cry)
　ausstreuen to scatter, spread
　austeilen to distribute
die Auszehrung consumption
　Auweh! Oh dear!

die Backnudeln (pl) noodles,
　macaroni
der Badezuber bathtub
der Balg brat
der Balken beam
der Bammel blue funk
die Baracke hovel, shanty
　barsch rude, rough
　bärtig bearded
ein Batzen Geld a pile of money
der Baumeister builder, architect
　beabsichtigen to intend
　beanspruchen to claim
　beantragen to propose
　bedauernswert unfortunate
das Bedenken misgiving
　bedeutungsvoll (adv) suggestively
die Bediensteten (pl) servants
die Bedienung service
sich befassen mit to be occupied
　with
　befehlerisch imperious
　befördern to promote
　befreit relieved
　befürworten to recommend,
　support
sich begeben to go, proceed
　begnadigen to pardon
die Begräbniskosten (pl) funeral
　expenses
　behelligen to bother
　beherbergen to give shelter to,
　put up
die Behörde authority
　beibringen to teach

beischaffen to produce
Beistand leisten to support, stand by
sich bekreuzigen to cross oneself
die Belästigung molestation
die Beleidigung insult
wie belieben? I beg your pardon?
in beliebiger Menge in any number you like
die Bequemlichkeit comfort
sich beraten to confer
die Beratung discussion
der Beraubte bereaved person
die Berechnung calculation
bereuen to repent
der Bergquell mountain spring
die Beschaffung acquisition
bescheißen to cheat
beschirmen to protect, shield
beschlafen to sleep with, 'take' (a woman)
beschlagen to shoe (a horse)
die Beschränkung restriction
sich beschweren to complain
beseitigen to remove
besoffen drunk
die Besorgnis alarm
bestallen to install, appoint
bestätigen to confirm
bestechen to bribe
die Bestechung bribe
bestehlen to rob
bestimmen to determine, give orders
bestochen corrupt
betasten to touch, fondle
betreffend concerning
die betreffende Person the person concerned
der Betrug deception, fraud
die Bettstatt bed (stead)

die Beule bump
die Beute prize, booty
die Bewässerungsanlage irrigation plant
bewegt emotional
bewiesen proven
bezeichnend significant, indicative
bezeugen to testify to
die Beziehung relation
der Bissen bit, morsel
die Bittschrift petition
der Bittsteller petitioner
blättern to turn pages
das Blech baking tin
die Bleibe place to stay
blutrünstig bloodthirsty
die Blutsbande (pl) ties of blood
blutüberströmt covered in blood
das Bordell brothel
die Börse purse
die Brandröte glow from the fire
der Brandstifter arsonist
der Brei pulp
das Brokatjäckchen, der Brokatmantel brocade coat
das Brokatkleid brocade dress
brüchig broken
brüdern to 'brother' (call brother)
brummen to grumble, grunt
die Bürde burden
der Bürgerkrieg civil war
büßen to atone, pay for

der Christ, Christenmensch Christian

der Dattelbaum date-tree
deprimierend depressing
dienstlich officially

das Dienstpersonal servants, staff
der Dorfschreiber village clerk
draufzahlen to pay the price
der Dreckkerl swine
durchbohren to run through
durchschauen to see through
düster gloomy

das Ebenbild likeness
das Ebenholz ebony
ehrbar respectable
der Eid oath
der Eifer zeal
eifrig eager
sich eignen für to be suited to
die Eignung suitability
einbeziehen to include
einbiegen in to turn into
einbüßen to forfeit, lose
einfältig simple, naive
einfangen to seize
eingestehen to confess
einhüllen to wrap up
einig werden to agree
sich einigen über to come to an agreement about
die Einkünfte (pl) income
sich einlassen mit to have dealings with
ihn gegen sich einnehmen to set him against oneself
einschlagen to pursue, adopt (a course, tempo)
einschlagen auf to attack with blows
sich einschmuggeln to sneak in, gate-crash
einschreiten gegen to proceed against, prosecute
einspannen to harness
Einspruch erheben to make a protest

einstimmen in to join in with
einstudieren to rehearse
eintauschen to exchange, barter
eintreffen to arrive
einziehen to call up, conscript
entblößen to expose
entfesseln to set loose
entführen to abduct
entgegengesetzt opposite
entgeistert aghast
sich enthalten von to refrain from
entnervt enervated, impotent
entreißen (+ dat) to wrest (from)
entrinnen to escape
die Entschädigung compensation
entsprechend (dat) in accordance with
entziehen to withdraw, revoke
das Erbarmen mercy
der Erbe heir
die Erdgrube open grave, pit
das Erdloch hole in the ground
der Eremit hermit
sich erkundigen to make inquiries
erlassen to excuse, let off
erledigen to settle, finish
die Erlösung release, deliverance
die Ernennung appointment
der Erpresser blackmailer
die Erpressung blackmail
erregen to arouse
erschlagen to kill
erschütternd shocking, distressing
erstarren to freeze, become paralysed
erstehen to buy
ersuchen to request
ertappen to catch
erwägen to consider

erweisen to prove
die Espenknospe aspen bud

der Fahnenträger standard-
bearer
der Falbe dun (horse)
die Falle trap
fallen an to fall to (inheritance)
der Fallensteller, trapper
die Fallhöhe fall, drop
die Fälschung fake, forgery
der Färber dyer
das Faß barrel
fechten to fight
fegen to sweep
feinfühlig sensitive
im Feld at the war
der Feldherr general
die Feststellung establishment
die Festung fortress
der Fladen cake
der Flecken spot
der Fleischer butcher
fleischlich sensual
flicken to repair
der Fluchtversuch escape attempt
das Fohlen foal
die Föhre fir-tree
folgsam obedient
förmlich formal
die Formsache formality
fortschreiten to continue
freilich to be sure, admittedly
freisprechen to acquit
der Freudenmarsch celebration
march
der Frevler transgressor, offender
die Frömmigkeit piety
die Frühdämmerung dawn,
morning twilight
die Fuge joint
aus den Fugen out of joint

der Fuhrmann (die Fuhrleute)
coachman, driver
das Fuhrwerk vehicle, carriage
der Fürst prince
der Furz fart
furzen to fart
füttern to feed
futtern to tuck in (feed)

der Galgen gallows
der Galgenvogel scoundrel
der Gang course (meal), gait
die Garnison garrison
die Gastlichkeit hospitality
der Gaul draught-horse
der Gauner crook, swindler
gebären to bear
das Gebet prayer
ins Gebet nehmen to question,
catechize
die Gebühr fee, charge
gedämpft hushed, subdued
gedeihen to thrive
gedenken zu to intend to
gefährdet endangered
gefälscht loaded, weighted
(scales)
der Geflügelhof poultry farm
der Gefreite corporal
die Gegenpartei other party,
opponents
vor sich gehen to happen, 'go
on'
der Gehenkte hanged man
gehetzt hounded, with a
hunted look
das Gehölz wood
gehorsamst (adv) most humbly
geistig intellectual
das Gelände terrain, area
die Geldangelegenheiten (pl)
money matters

141

das **Gelichter** gang, rabble
geltend machen to plead, claim
das **Gemach** room
gemächlich leisurely
der **Gemeine** common soldier
genährt nourished
genehm acceptable
die **Genugtuung** satisfaction
geräumig spacious
die **Gerechtigkeit** justice
das **Gericht** court
das **Oberste Gericht** supreme court
der **Gerichtshof** court
'**Hoher Gerichtshof**' 'My Lord'
die **Geringen** (pl) the lowly
das **Gerücht** rumour
geschärft sharpened
das **Geschick** fate, fortune
die **Geschirrkammer** store-room
das **Geschlecht** sex
das **Geschöpf** creature
das **Gesinde** servants
gespannt anxious, eager
die **Gestaltung** creation
gestatten to permit
die **Geste** gesture
gestehen to confess
das **Gesträuch** bushes
das **Gestrüpp** thicket
der **Getreidehändler** corn merchant
mit aller Gewalt at all costs
gewandt skilful, agile
gewiegt experienced
die **Gewohnheit haben** to be in the habit of
gezinkt marked, 'fixed'
gierig eager
gleichgültig indifferent
der **Gletschersteg** glacier bridge
glotzen to stare, gape

Euer Gnaden Your Grace
gottlob God be praised
der **Gottverächter** blasphemer
die **Gouverneurin, die Gouverneursfrau** governor's wife
der **Gouverneursbankert** governor's little bastard
der **Grad** degree, extent
der **Graswuchs** growth of grass
der **Greis** old man
der **Großfürst** Grand Duke
der **Grundbesitzer** landowner, property-owner
die **Grundmauer** foundations
die **Gültigkeit** validity
günstig gestimmt in a favourable mood
das **Gut** estate
gütlich amicable
der **Gutsbesitzer** estate owner

der **Haarspalter** hair-splitter
das **Hackfleisch** mincemeat
halbieren to cut in half
der **Halm** stalk
am Halm ready for harvesting
es halten mit to side with
sich halten to resist, hold out
der **Halunke** scoundrel
der **Hang** slope
hauen to cut, chop
hausen to live
der **Hausknecht** domestic servant
das **Heer** army
die **Heeresmacht** military, army
die **Heerstraße** military road, highway
heiser hoarse
es heißt, dass people say that
die **Herausforderung** challenge
herauskramen to fish out
herauspressen to squeeze out

herausreißen to snatch away
der Herdendieb cattle thief
hereingeflogen kommen to come flying in
hergeben to give up
die Herkunft origin
  niedriger Herkunft of lowly birth
meine Herrschaften ladies and gentlemen
herumfuchteln to brandish
herumkommandieren to boss about
herunterleiern to reel off, rattle off
hervorragend excellent, distinguished
hinauskriechen to creep, crawl out
hinausprügeln to kick out
hinausspähen to peer out
hinauswatscheln to waddle out
hineinfressen to eat up, devour
hinhalten to proffer, hand
hinken to limp
hinknien to kneel down
hinlaufen an to run into, come across
hinrichten to execute
hinstrecken to stretch (legs)
hinter ihm her sein to be after him
der Hintern backside
hinwegdonnern über to sweep away
die Hirse millet
hochblasen to blow up
hochreißen to drag up
hochwichtig highly important
hochziehen to hoist, string up (sl)
hocken to squat, crouch
hohl hollow

mit der hohlen Hand in the hollow of one's hand
die Hölle hell
das Holzscheit log of wood
das Holzschwert wooden sword
das Honorar fee
die Hose voll haben to be in a blue funk
die Hüfte hip
hüllen to wrap, envelop
der Hungerleider beggar, starveling
die Hur whore
die Hurerei fornication
hüten to guard, preserve
das Hüttendach cottage roof

ihresgleichen their own kind
innig intimate
das Irren error
sich irren in to be wrong about
irrtümlich accidentally

jäten to weed
die Jauchergrube cesspool
jeweilig prevailing
die Jungfer virgin, maid

kahl bare
der Kakerlak cockroach
kaltmachen to kill, bump off (sl)
die Kammerfrau lady's maid
das Kännchen small jug
kapiert? got it?
der Käselaib whole cheese
die Kaserne barracks
die Kasse money chest
kassieren to quash (judgement)
kauern to crouch
kehren to sweep
kehrtmachen to wheel round

zur Kenntnis nehmen to take note
keuchen to gasp
die Kinderfrau nurse
der Kinderschänder violator of children
die Kiste chest, box
kitzeln to tickle
Klage erheben to bring an action
es wird mir klar I realize
die Kleinigkeiten (pl) small details
das Kleinkindergeplärr bawling of babies
das Klirren clatter
die Knechtschaft bondage
das Kommando command
köpfen to behead
die Kost food
die schmale Kost meagre fare
kotzen to throw up, spew, mess up
kramen to rummage
der Kreislauf circulation (blood)
das Kreuz cross, small of the back
die Kreuzung cross-roads
der Kriegslieferungskontrakt contract for military supplies
kriegslüstern war-mongering
die Kriegsstiftung war-mongering
die Krippe crib, manger
die Krücke crutch
das Kuchenblech baking-tin
die Kugel bullet
sich kümmern um to attend to, see to
kummervoll sorrowful
der Kunstgriff trick, dodge
der Kutscher coachman

lahmen to limp

langbärtig with a long beard
der Lappen cloth
der Lastkorb basket, hamper
lau lukewarm
lauter (adj) pure, honourable; (adv) sheer
die Lederpeitsche leather whip
ledig single, unmarried, free (from), rid (of)
ein lediges Kind an illegitimate child
lediglich simply
der Leibeigene serf
die leibliche Mutter the real mother
der Leichenschmaus funeral meal
leichtfertig thoughtless
sich etwas leisten to treat oneself
ich kann mir das nicht leisten I can't afford it
die Leitung direction
leugnen to deny
leutselig affable
das Linnen linen
das Linnenzeug linen clothes
die List cunning
listig cunning
sich lohnen to be worth while
die Löhnung pay
das Lokal public house, hall
los sein to be rid of
losbrechen to break out
lügnerisch deceitful
der Lump beggar, scoundrel
die Lumpen (pl) rags

der Mais maize
der Maisbauer corn farmer
das Maisbrot corn loaf
der Maisfladen corn cake
der Mandant (die Mandantin) client
die Manieren (pl) good manners

die **Mannschaft** troops
die **Mappe** briefcase, file
das **Mark** marrow, core
das **Maß** measure, limit
das **Maul** face
  halt das **Maul** shut up (sl)
die **Meierei** dairy farm
sich **melden** to report, announce
  oneself
der **Meldereiter** dispatch-rider
  menschenleer deserted
  meutern to mutiny
das **Milchgeschirr** milk churns
der **Milderungsgrund** extenuat-
  ing cause
der **Militärdienst** military service
die **Milz** spleen
das **Mißtrauen** suspicion
  mißtrauisch suspicious
das **Mißverständnis** misunder-
  standing
  mit **tun** to join in
  mitteilen to inform, disclose
die **Mitteilung** piece of information
  mittelmäßig middling, average
  mitunter sometimes
  unter **Mitwirkung von** assisted
  by
das **Morgengrauen** daybreak
  morsch rotten
  Mühe machen to cause trouble
  mustern to inspect, eye up
die **Mütze** cap

  nachahmen to imitate
die **Nachläßigkeit** negligence
der **Nächste** neighbour
  nächtigen to spend the night
das **Nachtlager** night's lodging
  nachträglich subsequent
  nachweisen to prove

die **Narbe** scar
der **Narr** fool
sich **naß machen** to wet oneself
die **Neigung** inclination, desire
  nesteln to tie, fasten
die **Neuverteilung** redistribution
  niederschlagen to knock down
  niedrig lowly, base
  für den Notfall in the last
  resort
  es nötig haben to need
das **Nötigste** necessity
die **Nottrauung** emergency wedding

das **Obdach** shelter
der **Oberbefehl** supreme command
die **Oberen** (pl) superiors, high
  and mighty
der **Oberschenkel** upper thigh
der **Oberst** colonel
der **Obersteuereinnehmer** chief
  tax-collector
die **Obhut** care, custody
der **Obstbau, die Obstkultur**
  fruit-farming
der **Ochse** ox; (fig) donkey, ass
der **Öffentliche Ankläger** public
  prosecutor
die **Öffentlichkeit** public
die **Ohnmacht** fainting fit
  ohnmächtig werden to pass out
die **letzte Ölung** extreme unc-
  tion
die **Ostermette** Easter matins

die **Pacht** rent
das **Pack** rabble
der **Partisane** partisan, guerrilla
die **Peitsche** whip
der **Perlknopf** pearl button

das Pferdegetrappel tramping of horses' hooves
die Pflege care
  pflegen to take care of
  pflegen zu to be accustomed to
  Plattfuß flat-foot
das Portal gate, doorway
das Portemonnaie purse
die Probe test
  probieren to try, rehearse
das Projektionsverfahren method of projection
das Protokoll record, report
  zu Protokoll geben, nehmen to place on record
der Prozeß trial
  prügeln to thrash, beat
  prunkvoll splendid

die Quelle source
  aus erster Quelle from the horse's mouth
  quellen to gush forth, stream

der Rachen throat, mouth
sich rächen to have one's revenge
  ragen to loom
  sich räkeln to lounge
  Rat erteilen to give advice
der Raubmörder robber and murderer
sich raufen to squabble
  ins Raufen geraten to start fighting
  räumlich spacial
der Rausch drunkenness
  rechtfertigen to justify
die Rechtsführung administration of justice
  regeln to settle, put in order
  an sich reißen to seize upon
das Reißen pain (rheumatic)

  reizen to irritate, provoke, charm
  Reverenz erweisen to bow
  richten to judge, arrange, put in order, address (words)
  richterlich judicial
die Richterrobe judge's robe
der Richterstuhl seat of judgement
das Riechfläschchen smelling bottle
  riesig enormous
  rissig chapped (of skin)
  roh rough, cruel
der Rollstuhl wheel chair
das Rosa pink
  einen Rosenkranz beten to tell a rosary
das Roß horse
der Roßkäfer dung beetle
der Rotz runny nose
der Rückschlag setback
  rücksichtsvoll considerate, kind
die Rücksiedlung re-settlement
der Rückzug retreat
die Rührung (state of) emotion
  rupfen to pluck

der Saalsitz bench
der Sachverständige expert
  es im Sack haben to have it in the bag
der Saffianstiefel saffian (leather) boot
  sämtlich all
die Sau swine (sow)
der Saufaus boozer
  saufen to booze
die Säule pillar
  sausen to whistle, sigh
  schäbig shabby
die Schablone cliché

schädlich harmful
sich zu schaffen machen to busy oneself with
der Schal scarf
die Schale bowl
schälen to peel
schallen to sound
die Schande shame, scandal
der Scharlach scarlet fever
schauderhaft dreadful
die Scheidung to divorce
die Scheiße crap
die Schenke inn, public house
der Schenkel thigh
die Scheune barn
schicksalhaft fateful
schielen auf to squint at, steal a look at
schildern to depict
die Schimpferei scolding
der Schiß blue funk, squitters
der Schlächter butcher
die Schlächtergasse Butcher Street
das Schlachthaus slaughter-house
die Schläfe temple
vom Schlag getroffen werden to have a stroke
der Schlaganfall stroke
sich schlagen to fight
in ein Tuch geschlagen wrapped in a cloth
(sich) schleichen to sneak, creep
der Schleier veil
schleppen to drag
schlicht plain, modest
schlichten to settle (disputes)
schließen to contract (marriage)
die Schlinge noose
schlotternd tottering
schlucken to gulp, swallow

schmatzen to guzzle
schmissig racy, dashing
schnauben to snort
die Schneeschmelze thaw
der Schnickschnack tittle-tattle
schnitzen to cut, whittle
schnüffeln to sniff, snoop about
schöpfen to scoop, ladle
schoppen (dial) to stuff
der Schreiner joiner
schrubben to scrub
die Schuhmachergasse Shoemaker Street
schuldbewußt guilt-ridden, guilty
die Schwäche weakness, debility
der Schwager (die Schwägerin) brother-(sister-)in-law
schwankend unsteady, swaying
schwänzen to miss, shirk
der Schweif tail
der Schweinekoben pigsty
die Schwelle threshold
die Schwiegermutter (-tochter) mother- (daughter-)in-law
schwingen to brandish, wave
schwören to swear
die Seelenqualen (pl) anguish
Gottes Segen God bless you
segnen to bless
das Seil rope, cable
seinerzeit at the time
seinesgleichen his equals, own kind
die Selbstbeschuldigung self-accusation
als selbstverständlich ansehen to take for granted
der Seufzer sigh, groan
die Sichel sickle

147

die **Siebensachen** (pl) belongings
das **Siegel** seal
die **Sitzung** meeting
der **Sonnenblumenkern** sunflower seed
sorgen für to care for
sich sorgen um to be anxious about
spannen to harness
spärlich scanty
keinen Spaß verstehen to have no sense of humour
der **Speichel** saliva
der **Speicher** warehouse
der **Spieß** spear
sprengen to blast, blow up, gallop
der **Spritzer** splash, little drop
die **Staatshilfe** state aid, support
der **Städter** citizen
stämmig sturdy, hefty
der **Stand** position, state
von hohem Stand of high birth
die **Standarte** standard, banner
die **Stange** stake, pole
starr motionless
der **Statist** actor in minor role, extra
die **Statt** place, stead
an Kindes Statt nehmen to adopt (a child)
stecken to hide
der **Steg** path, bridge
der **Steiß** buttocks
der **Stempel** stamp, hallmark
der **Sterbekuchen** funeral cake
stetig continuous
die **Steuer** tax
der **Steuereintreiber** tax-collector
die **Steuergroschen** (pl) tax money, mite
die **Stöckel** (pl) high-heeled shoes

der **Stockfisch** cod, lifeless bore
stolpern to stumble
stolzieren to strut
stopfen to stuff
störrisch stubborn
stoßen auf to meet, bump into
stramm smart, erect
der **Straßenkröter** street urchin (lit. cur)
streichen to delete, 'cut'
streifen to roam
strengstens most strictly
der **Strick** rope
striegeln to brush
strittig disputed
stürzen to plunge, rush, overthrow
die **Sutane** cassock

tafeln to dine
der **Takt** tempo
den Takt schlagen to beat time
das **Tanzvergnügen** dance
der **Tatort** scene of the crime
taufen to baptize
der **Teil** part, party (to a crime)
die **Teilnahme** participation, interest, sympathy
tiefgebeugt deeply afflicted
der **Torbogen** gateway, archway
die **Tracht** dress
das **Tragtier** beast of burden
tränenüberströmt running with tears
die **Trauergäste** mourners
der **Trauertanz** funeral dance
der **Trauungstext** marriage service
der **Trauzeuge** marriage witness
der **Trieb** instinct
der **Tritt** kick
trösten to comfort

trotten to plod, trudge
trüb dull, gloomy
die Trümmer (pl) ruins
türmen to bolt
tuscheln to whisper
die Type character
eine tolle Type a funny chap

der Überfall attack
überleben to survive
überlegen superior
überprüfen to consider, examine
überreichen to hand (over)
übertrieben exaggerated
übrig remaining
die Ulme elm
umarmen to embrace
umbringen to murder, slay
umfangen to embrace
die Umgebung neighbourhood, area
umgekehrt opposite
der Umhang cape, cloak
umkommen to die, perish, go to waste
umsonst for nothing
der Umstand circumstance
Umstände machen to cause trouble
umstellen to surround
umzingeln to surround
die Unabhängigkeit independence
unaufgefordert unbidden, of one's own accord
unaufhörlich continuous
unausgesetzt incessant
unbestechlich incorruptible
unbeweglich motionless
undicht leaking
das Uneheliche illegitimate child

unentschieden undecided
unerschwinglich exhorbitant
der Ungelernte unskilled worker
das Ungemach hardship
die Ungerechtigkeit injustice
ungeschickt clumsy
ungeteilt undivided
ungezwungen casual
unkeusch unchaste, lewd
das Unkraut weed
der Unmensch monster
unschlüssig undecided, wavering
unsittlich indecent
unterbreiten to submit
der Untergebene subordinate
die Unterkleidung underclothes
der Unterschlupf shelter
sich unterstellen to have the impudence
unterstützt supported
untröstlich inconsolable, very sorry
untrüglich unerring
unverkennbar unmistakable
die Unverschämtheit impudence, effrontery
unwiderruflich irrevocable

verächtlich despicable
die Veranlagung disposition
verantwortungsbewußt reponsible
der Verarmte impoverished person
verbergen to hide, conceal
der Verbrecher, criminal
verbunden, bandaged
der Verdacht suspicion
in den Verdacht kommen to be suspected
verdattert flabbergasted

149

sich verehelichen to get married
vereinbaren to agree
vereist frozen
verfeinert refined
verfügen über to be equipped with
zur Verfügung stehen to be available
verführerisch seductive
die Verführung seduction
sich vergehen to commit an offence
die Vergewaltigung rape
vergießen to shed (tears)
sich vergreifen an to assault, violate
das Verhalten behaviour
verhalten muted
verhältnismäßig relatively
verhandeln to hear (a case)
die Verhandlung hearing
verharren to persist, wait
der Verhör interrogation
Verhör abhalten, verhören to interrogate
verhüllen to cover
der Verkaufte bribe-taker
die Verkettung chain
verkleidet disguised
verknacken to put behind bars
verkommen to deteriorate, come down in the world
verkündigen to announce
sich verlaufen to go astray, get lost
verlockend tempting, enticing
verlumpt disreputable, down-and-out
vermasseln to bungle
vermeinen to believe, suppose
vermittels (gen) by means of
vermögend wealthy

vermummt muffled up
vernachläßigen to neglect
der Vernunftsgrund rational argument
verpesten to pollute
die Verpflegung provisions
verpflichtet obligated
die Verpflichtung obligation
verräterisch treacherous
verrecken to die, perish
verrichten to perform
die Versammlung meeting
verschleiert veiled
verschleppen to drag off
verschweigen to conceal, withhold (words)
das Versehen error
versehentlich mistakenly
verspeisen to consume
versperren to bar, block
verständig sensible
verständnislos uncomprehending
verstaucht sprained
verstört distracted, distraught
sich versündigen to sin; (+ *an*) to wrong (a person)
verteilen to distribute
vertragen to endure
vertrauenswürdig trustworthy
vertraulich confidential
die Vertreibung expulsion
veruntreuen to embezzle
verurteilen to condemn
verwechseln to mix up
verwehren to refuse
verweichlicht soft, effeminate
verweisen to reprimand
verwerten to utilize
verwirrt bewildered
verwitwet widowed
die Verwunderung astonishment

verwundet wounded
verwüsten to lay waste
verzichten auf to dispense with, do without
das Vieh brute (fig)
vierteilen to quarter
das Viertel quarter, district
der komische Vogel (fig) queer fellow
der Volksmund mouth of the people
vollführen to carry out, execute
vollziehen to effect, execute, solemnize
vorausgesetzt, daß provided that
vorbringen to state, say
vordrängen to press forward
der Vorgang process
vorgehen to occur
der Vorgesetzte superior
vorhanden available
vorkommen to happen
vorläufig for the time being
vorliegend present, in hand
vorrätig available
vorsätzlich deliberate
die Vorschrift rule, instruction
der Vortrag performance
vortragen to perform
vorübergehend for a time

die Waage scales
die Wache guard
der Wächter guard
das Wägelchen small carriage
wahren to preserve
die Wahrhaftigkeit truthfulness
die Wanze bug
die Waren (pl) goods, merchandise
die Wärmflasche hot-water bottle

beim Wäschewaschen while doing the washing
der Webstuhl weaver's loom
gut wegkommen bei to come off well with
wegschleudern to fling, hurl away
die Weide willow
das Weideland pasture land
sich weigern to refuse
der Weinbau wine-growing
der Weinpflücker grape-picker
die Weinrebe grape-vine
die Weinschänke wine-bar
weisen auf to point to
die Wendung turn
das Wesen essence, nature, being
widersetzlich insubordinate
widerstehen to resist
widerstrebend reluctantly
es widerstrebt mir I hate it
der Widerstreit conflict
wiegen to sway, swing (hips)
willfährig willing
wimmern to whimper
in alle vier Winde to all points of the compass
die Windel nappy, diaper
der Wink signal
winzig tiny
die Wohlfahrt well-being
wohlig pleasant
womöglich possibly
das Wrack wreck
wringen to wring out
der Wucherer usurer
wund sore, wounded
wundertätig miracle-making
die Würde dignity
würdevoll, würdig dignified
der Würger murderer, butcher
würzig spicy, fragrant

der Zahlmeister pay-master
zahlreich numerous
der Zeigefinger forefinger
sich Zeit lassen to take one's time
das Zeitalter age
zerbrechen to smash to pieces
zerfetzen to tear to pieces
zerhaken to hack to pieces
zerlumpt ragged
zerren to drag
zerschlagen to smash to pieces
zerschossen battered, destroyed
sich zerstreiten to quarrel
der Zeuge witness
die Ziege goat
die Ziegenzucht goat-rearing
die Ziehmutter foster-mother
zuerteilen to grant, assign
zufallen to devolve upon
zugeben to concede
das Zugeständnis concession
die Zugluft draught

zugreifen to grasp, help oneself
zuhauen to hit
zunicken to nod to
die Zurückgebliebenheit backwardness
zurückweichen to shrink back
zusammenfallen, -sinken to collapse
der Zusammenhang connection, context
zusprechen to award
zugesprochen bekommen to be awarded
zustandebringen to cause, bring about
ihm etwas zustecken to slip something into his hands
zuunterst right at the bottom
die Zuverläßigkeit reliability
zuwinken to beckon to
zweifelhaft dubious
der Zweikampf duel
zwinkern to wink
die Zwischenwand partition